L'ABBÉ A. DEFLOTRIÈRE

Lettres

d'un

Tisseur

LYON

X. JEVAIN, IMPRIMEUR ÉDITEUR

Rue François-Dauphin, 18

1891

LYON

IMPRIMERIE X. JEVAIN

Rue François-Dauphin

LETTRES D'UN TISSEUR

LETTRES
D'UN TISSEUR

ÉCRITES AUX OUVRIERS

Publiées dans les Journaux *le Télégraphe* et *l'Eclair*
de 1870 à 188...

PAR

M. l'abbé A. DÉFLOTRIÈRE, Curé de Saint-Augustin

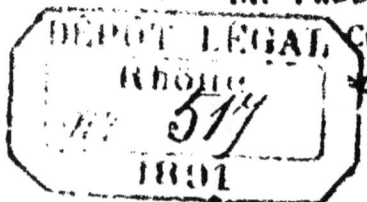

LYON
IMPRIMERIE X. JEVAIN
Rue François-Dauphin, 18

1891

A N.-D. DE L'ATELIER

———————

A LA MÉMOIRE

DE L'ABBÉ A. DÉFLOTRIÈRE

LE CURÉ DES OUVRIERS

— —— ——

AUX OUVRIERS DE LA CROIX-ROUSSE

PRÉFACE

En publiant les Lettres de M. Déflotrière, je ne fais que les rendre à ceux à qui le vénéré pasteur les destinait.

Elles sont extraites des journaux le Télégraphe et l'Eclair, aujourd'hui disparus, et dans lesquels elles paraissaient chaque semaine sous ce nom : Lettres d'un tisseur. Une main pieuse les avait recueillies une à une ; c'est à elle que nous les devons. Je n'ai fait que les coordonner et les ranger sous trois titres : Question ouvrière, Politique, Lettres diverses.

Je ne crois pas que cette publication soit de nature à diminuer l'idéale beauté des derniers instants du saint prêtre.

Je ne crois pas davantage qu'après avoir lu ces Lettres, on puisse conserver encore l'idée qu'elles sont indignes d'une main sacerdotale. Il me suffit d'ailleurs qu'elles soient aimées de ceux qui les ont inspirées. Ceux-là du moins sentiront, sous l'écorce de ce style si populaire et si simple, battre le cœur d'un Père qui les a aimés. Ils comprendront, les chers ouvriers de la Croix-Rousse, que là, comme ailleurs, ils ont été la grande préoccupation de la vie d'un saint, l'unique passion humaine de son âme et comme sa façon, à lui, d'aimer Dieu. Ils retrouveront là leur bon curé tel qu'ils l'ont connu jusqu'à son dernier soupir.

Avant tout, chers amis, vous y retrouverez un vrai prêtre, un de ces prêtres comme vous les aimez ; un prêtre dévoué, ne perdant pas une occasion de défendre les âmes que Jésus-Christ lui a confiées ; un prêtre ne reculant devant aucune audace de style, comme il ne reculait devant aucune fatigue physique, pour faire davantage éclater la vérité, signaler avec plus d'énergie le danger et vous en préserver. Vous le retrouverez à l'affût de toutes les calomnies contre l'Église, la France, le clergé, le peuple, parcourant les journaux de toute nuance, les actes ministériels ou municipaux, les affiches des rues, voyant sans scrupule tout ce qui pouvait tomber sous vos yeux, offenser vos âmes, tromper vos consciences, dénonçant les erreurs et les réfutant une à une avec cette sûreté, cette finesse d'esprit, cette gaîté que seule l'absolue possession de la vérité peut donner à un écrivain. Ses Lettres, si simples, où, à la suite d'une historiette amusante ou d'un fait comique, il amène une morale et une foi si pures, sont des sermons d'apologétique chrétienne. Ce sera si l'on veut le prêtre qui prêche à travers les boulevards, dans les clubs et les carrefours, parce qu'il a vivement senti dans son cœur d'apôtre que c'était là surtout que rôdait l'ennemi *des hommes. Je regarde ces Lettres comme le* Credo du Tisseur, *la simple et franche explication de sa foi et de ses espérances, le commentaire du testament de votre curé.*

Vous y retrouverez encore ce prêtre qui a si loyalement aimé la France ; ce cœur généreux qui abandonnait en 1870 un brillant avenir pour suivre l'armée de l'Est comme aumônier volontaire et consoler, au prix de sa vie s'il le fallait, nos soldats mourants ; ce politique éclairé que vous vous étiez avisés un jour de vouloir porter à la députation..... Vous le retrouverez dans ces Lettres, éclairant votre patriotisme par ses formules loyales et faisant justice des mensonges, des agiotages, des audaces de ceux qui vous trompent en vous jetant au visage ces grands mots creux dont vous n'avez pas le temps d'examiner le néant et le danger. Vous savez, comme moi, que le caractère le plus saillant de M. Déflotrière était ce jugement simple et droit qu'on appelle le « bon sens ».

Vous y retrouverez cet ami des ouvriers si peu semblable aux menteurs qui s'intitulent vos « frères et amis » ; l'ami des travailleurs avec ses sages théories de charité, d'union, d'économie, de fusion des classes, d'instruction et d'éducation ; l'ami du peuple, vous débarrassant des griffes de la secte maçonnique par tant de créations ingénieuses autant que hardies qui vous ont permis de vous grouper, de vous compter pour la résistance légitime aux oppressions injustes, pour conquérir la liberté du travail, et assurer le pain à vos familles en dehors des associations mensongères qui rêvaient d'enchaîner vos consciences. Parmi tant d'hommes qui, en ce siècle, ont agité la question sociale ouvrière, aucun n'a parlé de vous comme cet homme-là. Il l'a fait sans défaillance pendant un quart de siècle.

Vous y retrouverez aussi cet ami de vos familles qui a passé toute sa pure existence de prêtre à rêver pour vous le bonheur du foyer chrétien. Il consacrait à cela toutes ses visites, toutes ses conversations, ses meilleurs entretiens aux mères chrétiennes, ses plus chaudes causeries au Cercle. Il a bien fait tout ce qu'il a pu pour cette grande préoccupation de son cœur d'ami, et quand il a senti qu'il ne pouvait plus rien parce que la mort frappait à sa porte, il résolut de passer ses dernières heures de souffrance à offrir sa vie au bon Dieu pour le bonheur de ses « chères familles ». On vous a déjà dit qu'avant de mourir il a voulu prononcer un à un tous vos noms sans en oublier un seul, et il ajoutait sur chaque famille : « Je les bénis et j'offre ma vie pour leur bonheur chrétien ! » C'est encore pour vos familles qu'il a dicté la plus belle parole de son testament spirituel : « Je recommande à mes bien-aimés paroissiens, parmi les vertus qu'ils doivent pratiquer, la charité chrétienne dans les familles. » La veille de sa mort, il distribuait à quelques âmes dévouées le soin des familles pauvres qu'il visitait lui-même, afin qu'aucune « ne s'aperçoive de sa mort. »

Enfin vous y retrouverez ces qualités naturelles, qu'il n'avouait jamais, mais que nous connaissions tous. Ses spirituelles saillies, ses bons mots pleins d'à-propos, cette franche gaîté d'autant plus goûtée qu'elle était sans apprêt et toujours digne, cette finesse d'observation à qui rien n'échappait et qui lui permettait de parler à chacun de ses seuls intérêts comme si rien autre ne l'intéressait davantage ; ce talent pour les descriptions humoristiques ; ce goût parfait pour les arts ; cette poésie naturelle toujours disposée à faire une fable, un conte, une chanson, une épître, une satire, pour faire plaisir et égayer une fête de famille, poésie qui montait souvent aux lyriques accords. Enfin ce don spécial d'analyse, objet de notre fréquente admiration, qui lui permettait de concentrer en un résumé si clair, si simple, si naturel, les longues discussions où chacun s'était vingt fois égaré du sujet.

En un mot, vous retrouverez là votre bon curé, chers amis. C'est mon plus ardent désir. Votre foi, votre ardeur pour le bien, votre amour du travail, votre fraternelle union sont déjà l'héritage sacré que vous avez recueilli de son cœur. Vous le conserverez à vos enfants comme le meilleur de votre petit patrimoine. Vous êtes fiers et heureux de garder au milieu de vous sa tombe protectrice et vous avez déjà entouré sa mémoire de l'auréole de la vénération. Ah ! que vous faites bien de lui rester fidèles ! Ce prêtre, cet ami, ce saint, votre saint à vous. il sera pour toujours votre gloire et votre bénédiction.

C'est donc à votre fidélité que je dédie cette publication, chers ouvriers de Saint-Augustin.

Mais, je le sais, d'autres que vous y trouveront des charmes.

Je l'offre encore aux amateurs de « choses lyon-

naises », à ceux qui ont la passion des œuvres origi-
nales. Ils trouveront là, conservée dans toute sa pureté,
s'il est permis de s'exprimer ainsi, la langue du tisseur
lyonnais, l'idiome de la Croix-Rousse. Notre siècle
nivelle tout avec sa manie d'égalité, et ils méritent des
encouragements ceux qui passent leur temps à recueillir
les derniers vestiges de nos vieux idiomes. Au siècle
prochain, ce pauvre petit volume, que nous offrons aujourd'hui, aura peut-être sa place dans les bibliothèques,
et les antiquaires le regarderont comme une bonne
fortune.

Je l'offre enfin aux journalistes chrétiens ; à ceux
qui veulent apprendre à lutter d'une façon plus utile
pour l'Eglise et pour la France ; à ceux qui le font
déjà chaque jour dans le Nouvelliste et les autres
journaux catholiques.

Puissent-ils y trouver le secret de n'épargner jamais
aucune erreur !

Pour moi, je me laisse doucement aller à l'espoir
que cette publication fera du bien : Defunctus adhuc
loquitur, et au bonheur d'avoir, de mes mains filiales,
élevé un petit monument à la gloire du prêtre que j'ai
le plus aimé !

J. H., prêtre.

21 octobre 1891.

NOTICE BIOGRAPHIQUE

M. l'abbé Antoine Déflotrière, curé de Saint-Augustin, décédé le dimanche 19 juillet 1891, en la fête de saint Vincent de Paul, est né à Valsonne, près de Tarare, le 21 novembre 1840, d'une modeste famille de travailleurs.

Dans sa première jeunesse, il allait l'été à la garde des troupeaux, et l'hiver à l'école. Le bon frère Clamaron, son maître, qui vit encore et pleure l'élève dont il était si fier, assure qu'il n'en eut jamais de plus intelligent et de plus docile.

De quinze à dix-sept ans, il fit son apprentissage de tisseur : aussi montrait-il plus tard, aux bons tisseurs dont il était devenu le curé, qu'il n'était pas étranger à leur métier.

Son curé, M. J.-B. Bonnard, ayant remarqué sa piété et son intelligence, l'envoya, après quelques leçons, à la manécanterie des Salles, et deux ans après au séminaire d'Alix, d'où le villageois sortait maître des conférences en mathématiques. Après trois années de théologie au grand séminaire, ordonné diacre, l'abbé Déflotrière était envoyé à l'école cléricale de Saint-André de Tarare. Le pieux professeur eut le bonheur de former là plusieurs prêtres distingués de notre diocèse.

A 26 ans, il fut donné comme vicaire à M. Parrel, curé, fondateur de Saint-Augustin, à la Croix-Rousse, dont il devint le successeur en 1880, à la demande du vénérable démissionnaire et à la grande satisfaction des paroissiens. C'est donc un quart de siècle et presque toute sa vie sacerdotale que M. l'abbé Déflotrière a passé dans cette chère paroisse. Quelle vie ! et pour la couronner quelle mort !

Sa vie était tout entière consacrée à la pratique de l'amour du prochain, et sa devise : *Fiat unum ovile et unus pastor.* Il entreprit donc avec une ardeur qui ne se ralentit jamais, l'organisation de la jeune paroisse confiée à ses soins, et la concentration des éléments de vie paroissiale qui devaient donner aux œuvres un si bel essor.

Créer des œuvres qui englobent tous les éléments paroissiaux, utiliser les œuvres extérieures et générales en vue du développement paroissial, tel était son but suprême. Il le poursuivit avec une sûreté de coup d'œil et une persévérance inébranlable qui sont la physionomie distinctive de cet homme de Dieu.

Aussi, depuis les congrégations ou associations

d'enfants, de femmes et d'hommes jusqu'aux insti-
tutions économiques qui devaient favoriser le bien-
être de ses chers ouvriers, tout est organisé et fonctionne en vue du développement paroissial. Société
de Saint-Vincent de Paul, fourneau économique,
patronages de garçons et de filles des écoles laïques,
cercle catholique de jeunes gens et d'hommes, bureau
de placement, bureau de consultations gratuites,
œuvre de la bonne presse, tout cela s'organisait,
vivait, se développait et faisait espérer un magnifique
épanouissement.

En même temps, le zélé pasteur fréquentait les
congrès où sa parole était très écoutée ; il était l'âme
de nos réunions diocésaines pour les œuvres, l'insti-
gateur infatigable des pèlerinages de Rome, de
Jérusalem, de Lourdes, d'où il revenait toujours plus
ardent et plus apte au bien. Qui pourra oublier ces
représentations des Mystères de Noël, où le pasteur
se multipliait jusqu'à n'en pouvoir plus ?

Au-dessus de tout cela, notre cher curé rêvait
d'élever une église où les splendeurs du culte pourraient se développer, à la gloire de l'évêque d'Hippone
dont il était chanoine, assez vaste pour contenir les
enfants de plus en plus nombreux de sa paroisse.

Dieu en a disposé autrement et l'a appelé, ce
semeur du bon grain, en plein été, quand la moisson
préparée par ses sueurs offrait de si belles espérances.

Depuis plusieurs années, déjà souffrant d'un mal
résultat d'un travail excessif, il voyait avancer l'heure
suprême. Ne comptant plus sur les ressources de

l'art, qui lui étaient pourtant prodiguées par une généreuse amitié, il décida, lors du dernier pèlerinage lyonnais à Lourdes, de solliciter le miracle de sa guérison. Toute sa paroisse s'associa à sa prière par un élan magnifique dont Fourvière a été témoin. Notre-Dame de Lourdes savait que la couronne était prête ; le malade revint mourant au milieu de son troupeau.

Il y vécut encore un mois, édifiant son entourage si dévoué par l'inaltérable sérénité de son âme.

Quand on lui apprit qu'il devait se préparer à mourir : « Oh ! de grand cœur, comme le bon Dieu voudra... » Quelques jours avant sa mort, comme un de ses prêtres l'exhortait à multiplier les actes d'amour : « J'ai fait, lui dit le saint curé, un pacte avec le Sacré-Cœur ; il doit accepter comme autant d'actes d'amour tous les soupirs que je pousserai jusqu'au dernier. »

Voyant ses prêtres (1) réunis autour de son lit d'agonie, le bon pasteur leur recommanda ses œuvres, et leur demanda pardon. Déjà il leur avait dicté son testament spirituel adressé à ses paroissiens.

Enfin, ayant mis ordre à toutes ses affaires temporelles, le curé de Saint-Augustin se recueillit entre

---

(1) MM. Chomel, Jullien et Roffat. Le premier lui succède. La cure de Saint-Augustin était une famille. A la mort de Mathathias, Judas Macchabée l'Aîné des frères, se leva à sa place pour le combat. « Defunctus et Mathathias. Planxerunteum ommis Israël planctu magno, et surrexit Judas, filius ejus, pro eo : et adjuvabant eum frate ejus.

les mains de Dieu pour souffrir en esprit de sacrifice et mourir...

Et maintenant nous le pleurons. A l'heure où nous traçions ces lignes, dans le deuil de notre cœur, les ouvriers accouraient en foule auprès de la dépouille de ce prêtre selon Dieu, qui est mort plus pauvre que les pauvres. La foule qu'on égare à certains jours a le sentiment de la justice, elle sait où sont ses vrais amis. Plus de vingt mille personnes ont défilé autour de ces restes que les chers ouvriers se disputèrent le lendemain l'honneur de porter à leur dernière demeure. Une souscription ouverte pour acheter une sépulture au cimetière de la Croix-Rousse, où le bon curé a désiré dormir au milieu de ses paroissiens, a été couverte avec une touchante universalité.

A. CHOMEL.

M. DÉFLOTRIÈRE PEINT PAR LUI-MÊME

La Croix-Rousse.

Monsieur le Rédacteur,

Vous avez fait une grosse faute d'orthographe en ne disant rien de notre bon curé Artru. Les canuts vous en veulent et ils vous le feront sentir. Manquablement vous accuserez votre tisseur de négligence, et c'est moi qui aurai tort. Eh bien! là, vrai! je ne me suis pas senti le courage de vous en écrire, et aujourd'hui encore j'aurais gardé le silence si vous ne l'aviez pas trop gardé. Je ne suis pas gai, je vous en préviens.

La Croix-Rousse ne l'est pas non plus; car elle a perdu un véritable ami, soulignez le mot, allez, et plutôt deux fois qu'une. Un véritable ami, chose rare pour tout le monde, est bien encore plus rare pour les ouvriers. On est payé, sur le Plateau, pour savoir ce que je veux dire. Depuis le temps qu'on nous joue la même farce! Nous commençons à voir la ficelle, et nous nous défions un brin de ces chaleureux bavards qui sont ou se disent nos frères et amis jusqu'à ce qu'ils arrivent députés ou procureurs... exclusivement.

Oh! oui, le véritable ami des ouvriers, c'était le bon père Artru.

Pendant que les faux amis vous serinent des compliments à l'eau de rose sur les qualités que vous n'avez pas, l'ami véri-

table vous dit tout net la vérité, avec une bonne poignée de main, comme encouragement : tel était le père Artru.

Pendant que les frères de Valentino tuent les sergents de ville sur le Boulevard, le véritable ami du peuple porte du pain à la veuve et aux petits orphelins : tel était le bon père Artru.

Pendant que les meneurs de grève s'en vont arrêter les métiers, des hommes qui n'ont pas du fiel à la place du cœur envoient du charbon à la famille qui n'a plus le sou : tel était encore le bon père Artru.

L'ami faux cherche les banquets, les noces, les parties de plaisir ; l'ami vrai cherche les pauvres, les malades, les abandonnés : tel était toujours le bon père Artru.

Celui-là suit les bandes joyeuses ; celui-ci s'approche de préférence de ceux qui pleurent. L'un travaille pour lui, sous prétexte de travailler pour les autres, l'autre travaille pour les autres, aussi gaiement que s'il travaillait pour lui : reconnaissez encore le bon père Artru.

Et, en fin de compte, chacun arrive à son but : les uns à la députation, au conseil municipal, au carrosse, à 12.000 francs de rente, ou du moins au vin de champagne et au gigot-z-à l'ail : et vous savez qui c'est ; les autres meurent à la peine, contents de ne laisser ni dettes ni héritiers..... comme le bon père Artru.

Aussi, nos canuts, avec leur gros bon sens, avaient compris la chose ; et malgré que depuis cinq ans surtout on leur monte la tête contre les curés, ils aimaient, et ils ont pleuré le bon père Artru !..

UN TISSEUR. (1)

---

(1) Toutes les lettres et les fables qu'on trouvera au cours de ce volume étaient signées : UN TISSEUR, quelques-unes seulement : BAPTISTE.

PREMIÈRE PARTIE

LA QUESTION OUVRIÈRE

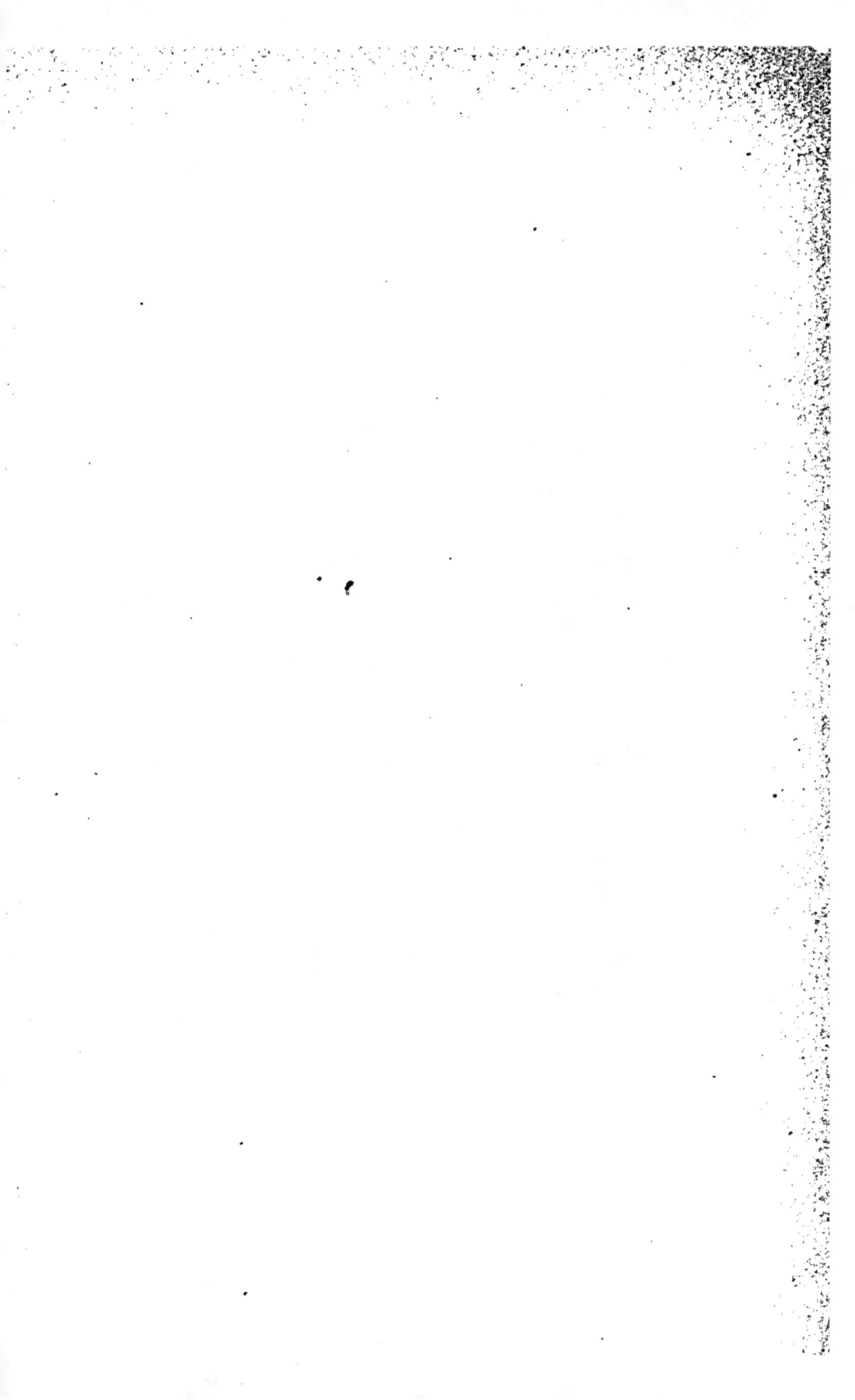

En ce siècle où tout parle de question ouvrière, M. Déflo-trière a justement mérité l'honneur d'être appelé le Curé *des ouvriers. Qui, en effet, aima plus que lui les ouvriers ? Qui a davantage lutté pour eux ?*

Sa thèse, cependant, n'était pas celle de certains utopistes chrétiens : l'ouvrier a toujours raison ! Cette thèse-là, l'ouvrier lui-même sait qu'elle est fausse. La thèse du bon curé, la voici, telle qu'il l'a vaillamment défendue au prix de sa vie : L'ouvrier souffre, et c'est un grand malheur. Il souffre souvent par sa faute, et il faut se dévouer à l'instruire. Il souffre quelquefois par la faute des patrons, et il faut avoir le courage d'instruire aussi les patrons. En tous cas, il faut que le prêtre rapproche les deux classes. Fraternité chrétienne, charité des premiers siècles, c'est le seul remède à la crise du siècle présent, l'unique solution de l'interminable question ouvrière.

C'est là que le bon curé a usé sa vie. Tombé, hélas ! jeune encore, à la tâche, il n'a pas eu le temps d'amener le triomphe de sa thèse ; mais il a fait école, et laisse en mourant « sur la brèche », comme il l'a tant souhaité, des prêtres formés à son exemple, et qui, bénis par lui toujours, sauront continuer à Lyon cette lutte sacerdotale pour le triomphe du bien social.

L'ATELIER

OILA bien des années déjà que nous nous plaignons des inventions de la mécanique, des métiers des campagnes, de la concurrence étrangère, trois forces brutales qui ont enlevé à Lyon sa supériorité si longtemps incontestée dans les articles de soierie. Les tisseurs voient de jour en jour s'envoler leur ancienne gloire et nos chers ateliers disparaissent. Les responsabilités de ce triste changement se partagent sur bien des têtes et les lettres qui suivent donnent à chacun ce qui lui en revient. C'est d'une sévère franchise ; mais n'oublions pas que celui qui signe « un tisseur » l'a été vraiment pendant deux ans de sa jeunesse, qu'il avait vivement à cœur l'honneur de son premier état, et qu'il avait paternellement identifié sa vie avec celle de ses chers ouvriers. Plût au ciel que des jours meilleurs, les jours d'autrefois, reviennent bientôt pour notre industrie lyonnaise !

LA CROIX-ROUSSE

21 avril 1876.

M⁰ᵉ Landouille est une vieille connaissance.

Mᵐᵉ Landouille est depuis peu installée à un rez-de-chaussée de notre boulevard. — Pas bégueule, Mᵐᵉ Landouille, pas plus que la mère Angot. Et avec ça un esprit fin... vous allez voir. — C'était le Jeudi-Saint ; les cléricaux revenaient de l'office. Quelle audace ! ne fallait-il pas payer du même ?

Le fils d'un boucher passait : « Garçon, » lui crie-t-elle, « demain votre plus beau gigot ! — Madame sera servie, » répond le blanc-bec. Le lendemain, en effet, un suffocant parfum de gigot s'exhalait de la porte entr'ouverte de Mᵐᵉ Landouille et tous les cléricaux de la maison, bon gré, mal gré, firent gras par le nez. — Mᵐᵉ Landouille se vengeait ! Mᵐᵉ Landouille était vengée ! — Le lundi de Pâques, Mᵐᵉ Landouille, M. Landouillard et les petits Landouillon partaient à la promenade, gais, rayonnants, sautillants. Et avec ça une toilette fraîche et riante comme un jour de printemps. Madame s'était tortillonné à perte de vue un chignon tout neuf qui retombait en paquet d'oignons avec deux queues sur l'échine ; puis des dentelles, puis une robe de faille, couleur tendre, avec force bouillons et baldaquins, sans compter les gros nœuds et la traine. Un chef-d'œuvre du dernier goût, quoi ! Le monsieur était irréprochable aussi : fleuri et pommadé comme le joujou de cire de la rue Terme, sans oublier la perruque et les moustaches... noircies. Une perle de mari comme il y en a tant !...

Enfin les deux bébés ruisselaient de soie rose, et n'avait été deux ailes de pigeons qu'on avait collées à leurs petits chapeaux, vous les auriez pris pour deux boutons d'églantine. Les voilà donc papillonnant, sautillant, gazouillant comme les plus heureux mortels du monde. Les échos de Rochecardon se répétèrent longtemps les joyeux éclats de rire, et les verres de champagne dont on arrosa le dessert à Saint-Didier ne firent qu'animer encore davantage leur folâtre gaieté. — Est-il donc besoin vraiment ! pour être heureux, de jeûner en carême et de faire maigre le Vendredi-Saint !! — Cependant, au retour, un voile soucieux dessina peu à peu ses plis sur le front serein de Mᵐᵉ Landouille. Les nuages étaient bas ; une pluie fine suintait déjà à travers les branches des arbres : le vent souffla, les gouttes tombèrent plus larges, plus serrées, plus rapides... c'était la pluie pour de bon... et peut-être pour longtemps.

Madame n'avait que son ombrelle et monsieur un *incertain*. Pour quatre personnes, je vous demande un peu...

Puis le chemin se changea en ruisseau, on glissait dans la boue, et les bottines prenaient l'eau... et pas seulement un omnibus à l'horizon !... Je renonce à peindre toutes les péripéties d'une pareille catastrophe, les murmures, les cris, les jurons, les larmes, les reproches qui grondèrent, se croisèrent, éclatèrent dans le ciel tout à l'heure si beau de la libre-penseuse famille Landouillard. — C'était navrant, désespérant... — Pourvu encore que ces cléricaux de voisins ne mettent pas le nez à leur fenêtre pour les voir rentrer.

Hélas ! c'est juste ce qui arriva ! Le premier qui les vit appela les autres et on rit tant soit peu — c'était cruel vraiment : les bébés, crottés jusqu'au mollet, tremblaient de froid sous leurs habits collés à la peau. La moustache

de papa avait fait deux gouttières d'encre sur son menton
et son faux-col, et la pauvre maman d'une main effaçant
avec son mouchoir les rigoles creusées par la pluie et la
poudre de son visage, retenait de l'autre sa malheureuse
robe de faille torchonnée et boueuse... à vous fendre le
cœur !

« Garçon, crie un clérical, votre plus beau rayon de
soleil à M™⁰ Landouille.

— A quoi sert de l'esprit, répond un second, si on se
mouille comme des ignorantins.

— Que veux-tu, réplique un troisième, il n'y a pas de
gigot sans jus !... »

Depuis ce jour, M™⁰ Landouille ne laisse plus sa porte
entr'ouverte.

LES CANUTS D'AUTREFOIS

26 octobre 1872.

Autrefois, — mais que vais-je dire, malheureux ? Parler
d'autrefois ? Imprudent. On va me prendre pour un... pour
un... comment diable appelle-t-on ça ? un... un...
rétro... grade, m'y voilà ! et un canut rétrograde, c'est un
homme f...ichu, par le temps qui court. Parlons bas,
cristi ! parlons bas !

Autrefois donc, les veloutiers, les taffetatiers, les fa-
çonniers, les tullistes, etc., toute la canuserie quoi !
vivaient en famille. On avait été élevé là-dedans, on avait
son petit métier dans le coin, et, sans frime, on y tenait
comme à son pays natal.

Vous aviez votre chelu à vous ; vous aviez votre écuelle

pour manger, votre nid pour dormir et tout le petit
monde de la maison se tenait d'amitié comme les cinq
doigts de la main, que ça en faisait crever de jalousie et
d'envie les vieux garçons, quoi! On piquait au même
plat, on trempait son pain à la même frigousse, on buvait
à la même chopine. Ah! surtout, fallait voir ou plutôt
fallait entendre toute cette jeunesse au travail! une musique qui vous faisait danser le cœur malgré vous. Dès la
piquette du jour, le bastringue commençait; le patron en
tête avec son gros battant qui petait à faire trembler la
vaisselle; les jacquards retombaient avec un bruit de fer-
raille; les navettes claquaient, sifflaient, la cannetière
ronflait, les guindes bourdonnaient, les polissoirs criaient
sur la façure; sans compter les apprentis qui chantaient,
les moutards qui piaillaient et la patronne qui... grondait!

Ce joli carillon jusqu'à dix heures de la veillée ne s'arrê-
tait que trois fois : le temps d'avaler une soupe, de croquer
une bugne et de rire un brin.

Ah! par exemple, le dimanche, nenni! pas un coup de
bouton, pas un tour de rouet. Du grand matin on était sur
ses quilles pour le nettoyage; ça durait jusqu'à neuf
heures, après quoi on n'avait pas peur d'aller à la messe à
commencer par le patron.

Le soir, c'était fête en plein. La bourgeoise achetait
quelques miches et on allait tout bonnement à Collonges
manger du lait. On était gai comme des pinsons. On
dansait sur l'herbe comme des cabris : le père, la mère,
les fillettes, les apprenties, les ouvriers et les ouvrières,
tout ça faisait des rondes, riait, sautillait, jouait à Colin-
Maillard, à *la tour prends garde*...

Mais, vrai de vrai, là, sans malice, comme de bons
enfants qu'on était, et je vous réponds qu'on s'aimait
comme cinq sous. Il n'aurait pas fallu que quelqu'un dise

un mot de trop ! et si un gone malappris avait essayé en passant de cracher une bêtise, on lui aurait lavé le bec un peu proprement.

L'hiver on rigolait autour du poêle et on y allait comme à l'ouvrage, de tout son cœur. Pas moyen de danser, pardine ! on se serait joliment cogné la tête contre les rouleaux. Mais il y avait le jeu de l'oie, les lotos, la bague, *Marlin vit*... et puis, ce qui valait encore mieux, une marmitée de châtaignes avec du bon vin blanc. Ah ! nom d'une pipe ! que c'était bon ! et quand on s'était bien appliqué cet emplâtre sur l'estomac, avec quel bonheur on allait piquer sa petite romance jusqu'au lundi !

Aussi, à l'époque, les canezards n'étaient pas esquintés comme à présent, ils n'avaient pas cette figure de papier mâché qui fait regret. Les gars vous avaient des bras comme des poteaux, et les fillettes étaient fraîches comme des cerises. Il est vrai, par exemple, que les dames de comptoirs n'étaient pas si grasses, et que les filles de cafés n'avaient pas de si gros chignons.

Ce commerce-là ne pouvait pas durer ! Le petit monde des canuts vivait heureux ? quelle bêtise ! ne fallait-il pas vite empoisonner le petit monde ?

Pour ça le diable se servit de Jean Lichard et de son patron Pierre Nigaudin, que vous allez connaître.

Nigaudin a autant de religion que les crapauds ont de plumes.

Ah ! pardon ! excuse ! voilà mon commis. A une autre fois.

HISTOIRE DE JEAN LICHARD

28 octobre 1872.

Je viens de rencontrer sur le boulevard un mami comme il y en a malheureusement trop : il m'a fait pitié et regret tout à la fois. Imaginez-vous un grand gaillard de vingt-deux ans, voûté comme un bec de gaz de la rue Coquerelle, bourgeonné jusqu'aux yeux et coiffé d'une espèce de casquette aussi crasseuse que sa figure. Son pantalon bleu rit aux deux genoux et sa blouse aux deux coudes; un bout de cigare mâché pend à ses lèvres quand il n'y pend pas l'insolence, et, semblables à deux bâtons habillés, ses jambes tremblottent sur des grolles éculées.

Voilà, barbouillé à coups de balai, le portrait de Jean Lichard, un drôle qui n'a pas volé son sobriquet, allez; il vous en gruge des petits verres, celui-là.

L'hiver dernier, son père est mort quasiment de faim et de froid, mais ça ne l'a pas sevré d'un carafon.

Sa vieille mère, à moitié aveugle, mendie son pain, ramasse quelques sales chiffons au coin des rues, dans la boue, dans la neige, avec des sabots percés, en attendant qu'on lui ouvre la porte du dépôt de mendicité. Il s'en bat l'œil, le cadet, et je crois même que s'il pouvait vendre les jupes déguenillées de la pauvrette pour acheter son tabac...

Or, Jean Lichard est tout simplement un ouvrier *couratier*. Vous allez me comprendre.

Jean Lichard s'appelait autrefois le petit Lichard. Les parents avaient un enfant et un chat; pas besoin de dire

2*

que le chat était mieux pouponné que l'enfant : l'un avait son mou et des caresses, l'autre sa soupe et des coups de pied. En fait d'éducation, le premier courait les gouttières et le second les ruisseaux du trottoir.

Bref, à douze ans, Jean, qui n'avait appris qu'à découcher, fut placé *lanceur* : son compagnon ne valait pas ce que j'ai trouvé ce matin, et le patron un peu moins encore. Entre ces deux chenapans, le gone ne pouvait devenir que ce qu'il est devenu, un petit chenapan. A tel point que sa mère en prit la fauvette et le faufila tout doucement comme apprenti chez de braves *taffetatiers*.

Pauvres gens, ils en suent encore à grosses gouttes, et je vous certifie que si ce fut quatre ans de prison pour le petit voyou, ce fut aussi pour eux quatre ans de galères.

C'est vous dire que le blanc-bec, à peine sorti de la coquille de l'apprenti, passa de plain-pied dans la bande des *couratiers*. Une jolie synagogue, ma parole d'honneur ! Ecoutez :

Un jour un patron se trouva gêné dans ses fredaines par son ouvrier qui n'était pas mal gêné non plus lui.

« Dis donc, vieux, ça *embête* ma femme de te faire le fricot, ça m'*embête* de te voir à mes trousses; ça m'*embête* de te prêter ma soupente. Si tu allais te faire pendre ailleurs ?...

— Merci, patron, j'y songeais : ça m'*embête* aussi de rentrer le soir. D'ailleurs, voyez-vous, la liberté...

— Alors, ça te va ?

— Ça me va. »

Et voilà comment vint au monde la famille des couratiers, je veux dire, des Lichards.

Jean Lichard n'est donc plus gêné, il est libre le jour, libre la nuit; il mange à la gargotte, couche en garni, danse à Valentino — je me trompe, au café de la Perle

— court les théâtres et... les aventures, boit, flâne, siffle des airs de bouffe, et ne tire le bouton que juste pour ne pas tirer la langue.

Chaque matin, quand il a le diable dans sa poche, comme on dit, Jean Lichard cherche un métier sur la vitrine de quelque remetteuse. Le voilà sur sa banquette. Il y travaille en jurant, pendant deux heures, comme un loup dans sa cage ; emprunte quarante sous pour aller dîner, file et ne revient plus.

Si le travail boude, alors les lichards s'amassent par bande de cinq ou six le long du boulevard, à la grande place..... Le lendemain matin, le bruit court qu'il manque des poules par ci, des lapins par là, du vin chez l'épicier, une montre chez la voisine.... il manque quelque chose un peu partout, excepté dans les garnis où drôles et drôlesses font une bombance digne des plus beaux jours de l'auberge Fredouillère.

Vous pensez bien que Jean Lichard, avec un pareil train de vie, n'a pas le temps d'aller voir sa mère, et que ses économies sont plutôt pour la pharmacie.

Laissez faire : Jean Lichard fera son chemin. Aujourd'hui, c'est un petit vieillot brûlé par l'absinthe et énervé par les excès. Donc rien d'étonnant, si au lieu de taffetas il *fait* l'étalage et le porte-monnaie. Demain, il sera à Saint-Joseph, après-demain à l'hôpital et... on n'en parlera plus...

LE PATRON NIGAUDIN

31 octobre 1872.

Je vous disais donc que Pierre Nigaudin....

A propos, Nigaudin est patron, faut pas l'oublier ; mais

tous les patrons ne sont pas des Nigaudins, faut pas l'oublier non plus, de même que tous les ouvriers ne sont pas
des Lichards. Dieu merci! Ah! mille cartons! si on en
était là, il n'y aurait plus qu'à faire son baluchon et à
décamper par le premier train paître les oies en Bresse.

Mais il y a du mal, oh! pour ça, oui, il y a du mal; et
si le manège continue, la fabrique tombera en eau de
boudin... tout comme j'ai l'honneur de vous le détran-
canner, et plus tôt qu'on y pense.

Je disais donc que Nigaudin a de religion à peu près
autant que les crapauds ont de plumes, ce qui ne l'empêche pas d'en jacasser à tort et à travers, comme s'il
était du métier.

Mais son fort, c'est la politique. Oh! pour la politique,
il en est gonfle, gonfle à faire peter ses boutons de culottes! il en lit, il en avale, il en dégorge, il en sue, il en
jette par le nez, par la bouche, à sa femme, à ses commis,
à ses ouvriers, à sa laitière, à sa dévideuse... et, le brave
homme, il s'y entend comme un âne à ramer des choux.

Donc, la politique, c'est son fort.

Mais vous pensez bien qu'un garçon de cette trempe,
qu'une caboche si bigrement organisée, ne doit pas cacher
son chelu dans le garde-manger. Aussi le brave benêt se
charge-t-il de trafuser les écheveaux politiques un peu
bien, s'il vous plait, et il vous débrouille les questions
sociales plus vite que Madelon une flotte d'organsin.

Une autre fois, j'aurai le plaisir de vous envoyer
quelques échantillons de ses chefs-d'œuvre.

Pour le quart d'heure, vous saurez seulement que Nigaudin prend son rôle au sérieux et promène la lanterne
de ses lumières un peu partout où le besoin..... ne s'en
fait pas sentir.

Le matin, comme tant d'autres d'ailleurs, avant de

passer ses bretelles, il avale sa demi-tasse de *Petit Lyonnais ;* mais là, franchement, avec une binette si recueillie sous ses lunettes de conserve, qu'on dirait qu'il y comprend quelque chose.

Puis aussitôt voilà le moulin à blagues qui tourne : et patati et patata ! Les députés, les vieillards, la dissolution, l'état de siège, la séparation de l'Eglise et de l'Etat, les principes de 89, les Gambetta, les pontons, la tyrannie, les écoles laïques, la libre-pensée, la Commune, la sainte Commune, tout ça coule, tout ça roule à travers l'atelier, entremêlé de bave et de jurons. On dirait d'un charlatan qui vient d'avaler des étoupes et qui fait des rubans.

Et tout le monde d'applaudir, pardine ! jusqu'au chat qui en lève la queue d'enthousiasme, jusqu'au serin qui en crève de jalousie dans sa cage.

Et l'autre, que tant plus il est bête, tant plus il se fiche le doigt dans l'œil, n'a pas de peine à se prendre pour un Mirabeau... qui vient d'inventer un marcheur pour le battant de l'humanité.

Et alors, c'est une mission sacrée; et le voilà qui empoigne sa veste et qui grille d'exposer son système aux amis de la rue du Mail; de là on passe à Valentino — toujours je me trompe — au café de la Perle ; de la Perle on va chez Gauthier; et puis au café Parisien, et puis au café Lucand, de là chez le père Jacquet en passant par-devant le citoyen Francfort ; et encore chez Robin, et encore au café Chanat, etc., etc. C'est le diable si d'ici ou de là on n'accroche pas quelques vermouth ou quelque... autre chose, et hardi donc ! Le citoyen Nigaudin rentre, la casquette un peu sur le cotivet, entre le ziste et le zeste, comme on dit... tout prêt à bourrer le premier venu; mais visage de bois ! l'atelier est vide.

Ouvriers et ouvrières, je veux dire Lichards et Lichardes

ont filé, après avoir bousillé des façures impossibles. Quant à la patronne, ici, une parenthèse :

Nigaudin, autrefois brosseur de son capitaine, a été, pour ce haut fait d'armes, nommé jadis lieutenant de la garde nationale. M⁰ Nigaudin n'a jamais pu avaler la dissolution de ladite garde. Elle est donc descendue chez la concierge après dîner, caqueter un tantinet sur les galons passés et futurs de son beau lieutenant. Elle a raconté pleurant d'émotion comme quoi ce courageux mari, au moment où l'on se battait à la Guillotière, enfilait la rue Coste, pour aller prendre... lui tout seul, le fort Montessuy. Puis elle était sortie, on ne l'avait pas revue. Et voilà.

A ce moment l'horloge rappelle à Nigaudin que c'est l'heure de la loge, il y court. Toujours de la politique parbleu ! C'est bien son affaire : il va recommander son système.

Au retour, la rue de Cuire le conduit au théâtre, il y entre, reconnaît parmi les figurantes ses deux couratières, aperçoit ses deux couratiers changés l'un en zozo, l'autre en souffleur.

Enfin, entre onze heures et minuit, Nigaudin est à la porte de son allée, où il rencontre sa fenotte avec un ami... de la famille. Inutile d'ajouter que la soupe n'est pas faite et qu'on va se lancer les écuelles à la figure avant de se coucher.

Ça vous fait rire, cette comédie, eh bien ! moi, je n'en ris pas, nom d'un pétard ! et je vous dis que c'est la débâcle de la canuserie, si les Nigaudins et les Lichards ont de la famille. Mauvais ouvrage et mauvais ménage, j'en réponds. Les Nigaudins ne seront jamais de fins patrons, pas plus que de fins maris, et les Lichards jamais de bon zigs. Couratiers et couratières crevogneront à un sixième ou dans un hôpital, et les Nigaudins laisseront la laine de leurs économies accrochée aux buissons de la politique.

GRASSOUILLET & Cⁱᵉ

19 octobre 1872.

J'ai reçu la visite de M. Grassouillet. M. Grassouillet était bleu de colère, et vous allez savoir pourquoi.

M. Grassouillet est un bonhomme de bourgeois appartenant à la catégorie des conservateurs-libéraux. Je lui ai ai souvent demandé une explication de ces deux mots et le moyen de les coudre ensemble, et toujours un haussement d'épaule m'a donné à comprendre que c'est là de la politique superfine, et qu'un pauvre diable de tisseur comme moi n'est pas obligé d'y fourrer les doigts.

N'importe ! le simple bon sens me dit que M. Grassouillet est bel et bien conservateur : il a conservé ses écus, il a conservé sa graisse ; pendant la guerre, il a conservé la paix et les quatre repas ; il a conservé le sommeil pendant les élections ; en résumé, il conserve sa peau. Donc, il est conservateur. Très bien.

Quant à être libéral, il y tient plus que jamais : il lit le *Petit Lyonnais* devant ses ouvriers, le *Télégraphe* avec moi, le *Salut Public* avec les négociants, la *Décentralisation* devant sa femme ; donc il est libéral, archi-libéral.

Et cependant M. Grassouillet était bleu de colère.

Il paraît que dans une lettre au *Télégraphe* j'aurais écrit cette phrase : « Ouvriers, mes amis, n'allons pas tomber à plat comme des matefaims *au niveau de la bourgeoisie parfumée.* »

Et voilà pourquoi M. Grassouillet était bleu de colère.

Or, quand même la figure de M. Grassouillet devrait passer par toutes les couleurs de l'arc-en-ciel, je ne démordrai pas de ce que j'ai dit.

—Oui, monsieur Grassouillet, vous critiquez vivement les ouvriers, et, d'après vous, dans la crise d'aujourd'hui, c'est de nous que vient tout le mal. Eh bien, sans vouloir excuser nos sottises et nos entraînements irréfléchis, je vous dirai que le mal vient aussi de vous.

— Dans un atelier, quand le patron est un fainéant et un rien-du-tout, les ouvriers et les apprentis sont des rien-du-tout et des fainéants. Or, dans l'atelier social, dont vous êtes comme les patrons, si le mal est grand en bas, c'est qu'il est grand en haut. Il faut faire la part des exceptions ; mais à côté des hommes dévoués et courageux, il y a aussi une bourgeoisie parfumée, je le répète, abaissée, aplatie, digne des anciennes décadences, et par le niveau de son instruction, et par ses mœurs tranquillement dévergondées, et par sa paresse et par sa poltronnerie.

M. Grassouillet prend son chapeau...

— Ne vous fâchez pas, monsieur Grassouillet, mais la classe des Grassouillet ne sait lire, il semble, que dans ses inventaires et sur les billets de banque. N'étudiant jamais sérieusement les questions politiques, religieuses, sociales ou historiques, elle croit à tout ce qu'on lui chante, se gonfle de niaiseries et de préjugés et avale les plus grosses bourdes comme nous, les *graffons*.

— Tenez, soit dit entre nous, j'ai déjà pas mal fait de pièces de velours ; eh bien ! mon honorable négociant m'a craché plus de balivernes que de pièces de cent sous ; lui et ses commis ne tiraient pas deux bouffées de leurs cigares sans m'envoyer une balourdise. C'est à vous faire croire, et je le crois, qu'ils ont perdu le simple bon sens.

M. Grassouillet prend sa canne...

— Oh ! je vous en prie, monsieur Grassouillet, ne vous fâchez pas. Laissez-moi vous dire encore deux mots ; je les couvrirai d'un voile pour ne pas offenser votre pudeur ombrageuse. Les voyous vous font regret, n'est-ce pas, et vous ne trouvez pas d'assez gros mots contre la classe ouvrière qu'ils déshonorent. Or, dussiez-vous en rire, il y a dans cette classe plus d'honnêteté que chez les Grassouillets, et surtout plus d'espoir. Les gants blancs ne rendent pas toujours les mains propres ; il y a des vices à la poudre de riz ; il y a des citoyens qui mènent grand train, grâce aux saletés qu'ils écrivent ; d'autres qui, munis d'un porte-monnaie héréditaire, se croient obligés de nourrir deux ménages. Suffit !

M. Grassouillet s'élance vers la porte.

— Pardon, monsieur Grassouillet, encore une syllabe. Ces gens-là sont poltrons, mous et lâches.

— Les ouvriers se mettent francs-maçons par erreur, eux par frayeur. En rue Grôlée ils paient ; au jour du vote ils mangent ; avec les loups ils hurlent ; avec les badauds ils posent ; avec l'ouvrier ils jurent ; au théâtre ils lorgnent ; au café ils tonnent ; devant Guignol ils tremblent ; devant l'émeute ils *filent*.

M. Grassouillet dégringole par l'escalier.

— Hé ! hé ! M. Grassouillet ! il y en a un là-haut qui a grands bras et un bon fouet. Son jour viendra, M. Grassouillet. Vous n'en voulez point, je le sais ; mais il viendra quand même. Gare à vos côtes ! M. Grassouillet. M. Grassouillet, vous serez mangé ! Au revoir !

Inutile de vous dire, que M. Grassouillet, qui court encore, était toujours bleu de colère, et nullement corrigé.

Sur ce, je retourne à ma banquette et m'en veux d'avoir ainsi perdu mon temps.

UN TRAIT DE M. GRASSOUILLET

22 octobre 1872.

Je vous avais bien dit que M. Grassouillet n'était pas corrigé. Ecoutez la jolie histoire.

Ce monsieur-là, ami du peuple — comme tous les bavards peureux d'ailleurs — mais encore plus ami de son argent, dirige pour son compte une usine de plusieurs centaines d'ouvriers. Mon beau-frère y travaille, et mon beau-frère, solide ouvrier autant que solide chrétien, avait pris goût à un des articles sur les Grèves, signé Louis Desgrand. Tiens, me dit-il, voilà qui me botte mieux que les babillages de Pilon ; faudra conjuguer ça avec les camarades. Pour aujourd'hui mon petit verre y sautera, et avec mes trois sous, je vais les régaler de trois *Télégraphes*.

Sitôt dit, sitôt fait. Mon brave cœur s'en allait joyeux et content, comment dirais-je? comme un poupard qui tient une brioche, comme un chiffonnier qui amène une pièce de cent sous au bout de son crochet, comme une apprentie qui touche la façon de sa première pièce ; finalement comme un bon garçon qui a trouvé une recette pour raccommoder les ouvriers avec les patrons.

En arrivant donc à l'usine, le voilà qui pique une tête dans le ventre du bourgeois et manque l'éborgner avec son *Télégraphe* :

« Regardez-moi voir ça, dit-il, si c'est bien tapé. Plus de grève ! nom d'un petit bonhomme ! Nous voilà sauvés de la crevaison et vous du gaspillage. Lisez, lisez cette consulte, vous verrez... »

Le patron lisait, mais sa binette devenait renfrognée,
« Bigre ! » disait l'ouvrier, « qu'est-ce qu'il y a donc ?
Moi qui avais tout vu couleur de rose. »

L'autre lisait toujours en grommelant :

« Participation de l'ouvrier aux bénéfices du patron... (1)
« Pour nos employés nous avons admis l'intérêt sur
« l'inventaire. Pour nos contremaitres l'intérêt partie
« sur l'inventaire, partie sur la fabrication. Pour nos
« ouvriers, l'intérêt sur les économies de déchets et dans
« l'entretien des instruments de travail. Plus, les bons
« d'ancienneté et d'habileté. »

A ce moment les doigts crispés de M. Grassouillet
froissaient le papier avec fureur et... deux secondes après
les trois *Télégraphes* se tordaient dans le feu de la cheminée.

Ceci est de l'histoire, et de l'histoire d'hier. Je ne puis
nommer par son nom véritable la maison qui a eu l'honneur
de cette petite tragédie, mais vous avouerez que la question y est traitée un peu cavaliérement. Diable ! mais les
communards ne s'y sont pas pris autrement pour brûler
les papiers compromettants de la justice. Ah ! si mon
beau-frère n'avait pas quatre enfants à nourrir avec ce qu'il
gagne à votre usine, je vous démasquerais un peu proprement, maison Grassouillet, Machin et Cie. On ne vous dit
pas adieu.

_____

(1) Rapport à la société d'éducation sur le capital et le travail, par
M. Louis Desgrand.

LE CHOMAGE

20 novembre 1872.

Je viens de finir ma pièce, et il parait que je serai obligé d'attendre ma chaîne quelque temps. Cristi! ce n'est pas drôle, allez. Si, au moins, on n'avait plus faim quand le métier est arrêté ; et puis, si vous n'aviez pas autour de vous une demi-douzaine de petits ventres à nourrir, que ça vous fait venir la larme à l'œil, rien qu'à les entendre quincher.

Ah! tenez, sans frime, par moment on voudrait bien être journaliste pour de bon, parce que dans ce corps d'état le travail ne manque jamais, et qu'on a tous les jours sa petite longueur à canuser...

Sans parler que là il n'y a pas besoin de tenir tati et de bien faire ses cordons pour être bien payé, qu'au contraire, plus l'étoffe est bousillée plus on la vend cher, et que les farceurs sont les plus assurés de ne pas manquer de trame !...

Faut que je vous dise comment on s'y prend aujourd'hui pour faire tirer la langue au pauvre canezard. De vrai, il y a bien des gones là-haut, à Versailles, qui mettent des bâtons dans les roues de la canuserie et qui seraient contents d'envoyer les Croix-Roussiens se faire casser la margoulette derrière une barricade. De francs gueulards, quoi ! qui crevaient de misère avant le 4 septembre et qui ont peur qu'on les fiche à la porte de l'atelier. Ah ! vilains masques ! ça n'est bon qu'à faire les charlatans et à torcher des gigots à l'ail.., et puis encore à tripoter de dissolution !

Mais tout ce grabuge, nom d'un rat ! n'est pas une
raison pour lever le râtelier à ceux qui n'en peuvent mais.
Nous ne vous demandons pas de nous payer 12.000 fr.
par an pour rester sur des coussins et dire des gognan-
dises ; c'est du travail qu'il nous faut ; nous ne voulons
manger et boire que ce que nous aurons bien affané au
bout de notre navette.

C'est toujours comme ça. On blague pour les ouvriers,
on les agace, on les tarabuste, on leur promet des pièces
de cent sous plein leur chapeau, du pain de miche, du
beurre frais tout l'hiver, et du vin sucré ; et puis tez !
pendant qu'ils restent le bec en l'air, la bourgeoisie râcle
le fond de la berte, liche son dernier pot de confiture,
fait mitonner sa dernière croûte, et... puis on crevogne.

J'ai toujours vu cette même comédie depuis vingt ans,
moi, et j'en ai pâti comme tant d'autres. Et ça m'a tout
l'air de vouloir recommencer.

A force de tirepiller les ficelles, voilà que nos communards — qui ne savent pas tant seulement ce qu'ils
veulent — ont détraqué la machine nationale, et on commence déjà à nous faire tirer la langue comme je vous
disais tout à l'heure... Ah ! la drôle de vie.

Vous portez votre rouleau au magasin, et du premier
coup d'œil vous voyez que les affaires sont emmêlées. Le
commis renfrogne le groin, et vous fait avaler les moin-
dres petits crapauds... qu'il n'y a pas à aller contre. Il est
bourru comme le diable.

Vous filez doux, ça va sans dire.

Il vous renvoie à la semaine prochaine, c'est la mode ;
et vous ne dites rien, pardine ! bien content qu'il n'y ait
pas de rabais.

La semaine prochaine, vous repassez : « C'est bien,
repassez dans huit jours. »

Vous revenez, bon ! — « Seulement vous n'aurez votre chaine que lundi. »

Le lundi, vous arrivez tout gaillard ; attendez : « Nous ne pouvons vous donner qu'un 53 *portées.* »

Grimace ! tableau ! bigre ! pour nourrir cinq enfants.

Enfin, suffit. Faute de grives, on mange des merles, mais il faut manger.

Bref, vous emportez votre chaine chez le plieur qui vous envoie faire f..., parce que votre rouleau n'est pas timbré au cachet des séries.

Une brave femme cependant vous *plie* en cachette. Enfin, vous voilà triomphants. Vite au magasin pour la trame.

« Pas de trame avant la huitaine. »

La huitaine se passe.

« Nous venons d'envoyer à la teinture ! » Et ainsi de suite !... Cristi de vingt-cinq mille pétards ! que vous finissez par en pleurer de rage... Encore si ça vous donnait à manger.

Et voilà ! monsieur, je n'accuse personne, mais c'est là notre commerce de tous les jours..., quand la machine là-haut ne va pas bien.

Des grèves ? mais, tas de benonis ! à quoi bon vous servent-elles ? Les mineurs d'Angleterre se mettent-ils en grève ? vous payez le charbon vingt sous de plus. Les chapeliers d'Aix font-ils grève ? les chapeaux sont plus chers. Les boulangers font-ils grève ? le pain augmente. Et c'est toujours comme ça.

Je vous dis, moi, que c'est tout de la comédie, et que ces *médecins du pôple* nous amènent à la crevaison.

Ils font comme ce malin qui donnait une recette pour le mal de dents : « Vous prenez une pomme crue, vous vous la mettez à la bouche, vous tournez le dos au feu :

quand la pomme est cuite, le mal est passé. » Et voilà.
Eh bien, mamis, de tous les métiers, vous verrez. Si on
ne s'accorde pas, gare ! Bourgeois, soyez bons !...
Ouvriers ne soyons pas si bêtes ! Quand nous serons
cuits, ce ne sera plus temps de nous accorder.

LA COLÈRE D'UN CANUT

2 avril 1873.

Eh bien ! voilà comme on oublie son monde! Pas mal
jouée celle-là. On fait un gros mimi au tisseur, on le
cajole, on l'amadoue en paroles mielleuses, on lui fait
promettre qu'il écrira souvent, plus souvent, très souvent.
Et puis après que le pauvre gone s'est esquinté sur le
métier du racontage et de l'écrivasserie, on vous lui flanque
son ouvrage dans les oubliettes, là de but en blanc.

Allez donc fournir votre encre noire et votre papier
blanc...

Enfin sans rancune ! Mais voyez-vous quand on a du
cœur... on en a, et quand on le pique, ça saigne. Tout de
même causons une longueur.

Faut que je vous dise une histoire qui m'est arrivée
depuis vous.

J'ai un brave homme de voisin que la misère va faire
sauter, je le crains bien, et il y en a d'autres, manquablement. Ce n'est pas sa faute à lui; car vrai de vrai!
Nicolas — c'est son nom — n'est pas fainéant, ni soiffeur,
ni noceur, ni panosse, ni couratier, et quand la fabrique
va, son métier n'est jamais couvert, sinon un brin le
dimanche, et encore...

Il m'accroche hier au coin de la rue du Mail.

« Baptiste, mon vieux, qu'il me dit, ça ne biche plus. Depuis trois mois que la morte dure, ça vous flanque dans la débine, malgré qu'on ne veut, et je ne sais pas où donner de la tête.

— Mais, pauvre Nicolas, est-ce que ton atelier...

— Tout arrête, que je te dis, et quatre moutards à l'école, et un en nourrissage, et un apprenti par dessus qui mangerait le diable tout crû... tant il a toujours faim.

— Et tu n'es pas venu me trouver, vilain masque? Cristi! puisque j'ai quatre sous devant moi, je t'en aurais bien prêté deux jusqu'à temps. Entre canuts est-ce qu'il doit y avoir de cachoteries?

— Et puis après? à quoi que ça m'avance tes deux sous? Faudra ensuite bûcher comme un nègre pour se rattraper. Non, vois-tu, laisse donc; assez de bêtises comme ça; ça ne peut pas durer, il y en a qui ont besoin d'une leçon, on la leur donnera,

Pour ne pas voir mes métiers qui restent là comme moi les bras branlants, que ça me crève le cœur, je m'en vas oublier la faim sur le tantôt avec le grand monde d'en bas; c'est-à-dire, quand je les regarde passer dans leurs jolies rues à pavés plats. Ah! nom de nom!...

— Eh bien, quoi?

— Eh bien, quoi! je te dis que rien ne manque là-bas. Ils ont de tout, et nous n'avons de rien : des madames empaquetées de soie, des poupons couverts de dentelles, des petites demoiselles enrubannées, frisottées, des carosses, des bistauds, de grosses dondors de damoches qui sortent de diner rouges comme des coquelicots, finalement tout un monde qui n'abonde pas à boire, à danser et à dormir... comprends-tu ça, toi, nom de nom de nom?...

— Allons, Nicolas, tu deviens méchant? c'est mal!...

— C'est mal? Je deviens méchant? Est-ce que sans me vanter je ne vaux pas autant que ces gros paquets de couënne, que ces espèces de trop saouls?... Et encore, quand j'aurai fini ma pièce, tenu tati nuit et jour, faudra endurer une giboulée de jurons avant de toucher ma paie? sans parler que mon propriétaire est là qui apinche ma façon... et mon boulanger aussi? Je te dis.

— Et moi je te dis que je ne te reconnais plus. Ma parole! tu as marché sur une mauvaise herbe. Qui diable a bien pu te fourrer cette colère au cœur! Sûr que tu vas au club, voyons, parle franc.

— Eh bien, oui, que j'y vais. Et puis après?

— On te monte la tête, mon vieux, ça te gâte, et voilà tout. Je sais aussi bien que toi que cette fichue société n'est pas belle, et que les braves gens n'y sont pas le mieux traités. Mais...

— Mais, il n'y a pas de mais, cette fois nous voulons lui ficher une graisse à cette société comme tu l'appelles, et faire aller les choses de droit. Ah! nom d'un rat! nous leur ferons voir que nous sommes forts... et nombreux, car, vois-tu, Baptiste, ne t'en fâche pas, mais je suis dans l'Internationale, quand j'y suis, tu sais que c'est à de bon.

— Tant pis! Nicolas, tant pis! C'est une misère de plus. Tu verras...

— Mets-toi avec nous plutôt; tu as toujours été un brave, tu nous aideras à retenir ceux qui vont trop vite, et à empêcher les grosses bêtises.

— Nicolas, je te dis que tu te mets le doigt dans l'œil. Tu verras. L'Internationale est encore une de ces machines à surprises, et m'est avis que pas mal de gones y laisseront leur peau avant d'y empoigner des écus.

— Nous voulons venger le peuple, et puis après, vive la liberté!

— Ah ! tu crois, eh bien, écoute :

Il y avait une fois un cheval — je parle du temps où les bêtes n'avaient pas trop plus d'âme que les hommes d'aujourd'hui — un cheval qui voulut se venger d'un cerf qui l'avait insulté. Le cerf filait comme le vent, et le cheval ne pouvait jamais le joindre. Il fut obligé d'avoir recours à l'homme. J'ai de bons jarrets, lui dit-il, prêtez-moi votre adresse pour châtier ce gredin. L'homme ne demandait pas mieux. Il mit un frein à la bête, se fabriqua des éperons, et hardi donc ! les voilà tous deux en chasse, si bien, si bien que le cerf au bout de trois jours fut tué et dépecé.

— Merci, dit le cheval, adieu, je retourne à mon pré.

— Tout doux, mon bon, dit l'homme, je te tiens, et ne te lâcherai pas. Depuis ce temps-là on dit : un métier de cheval. Comprends-tu Nicolas ?

LA CANUSERIE S'EN VA

13 février 1874.

En manière de chronique locale, laissez-moi vous dire que la canuserie file du mauvais coton pour le quart d'heure. Ça va de mal en pire, de vrai ! un peu comme la vente, un peu comme le suffrage universel, un peu comme la politique, un peu comme tout, quoi !

On s'était imaginé qu'avec des séries bien organisées de partout, avec des grèves d'ici, des interdits par là, on pourrait maintenir les façons. Et par le moyen des associations coopératives on se promettait de manger toujours son pain à bon marché, de boire son vin bien liquide et de se chauffer quasi pour rien. On s'est tout bonnement mis les deux doigts dans les deux yeux ! Voilà le pain de ménage à cinq sous la livre, le charbon à cinq francs la benne et le mauvais vin à trois sous le canon, sans compter le reste.

Quant à la soierie, c'est bien une autre affaire. Les bons benêts, en voyant que le tarif ne baissait pas, se sont longtemps cru les maîtres. — « Ah ! cette fois nous les tenons, disaient-ils, nos séries ont fait merveille comme les chassepots, pardine ! — Voyez nos négociants, ils sont devenus doux comme des agneaux, et les premiers ils réclament le maintien des façons. Quelle heureuse invention ! quel progrès, et comme le peuple est intelligent ! »

Tout beau ! braves canuts, mais ça n'a pas duré.

Les provisions de ménage ayant considérablement enchéri, et les loyers de même, on a eu la pensée de faire monter aussi le tarif. Mais crac ! la mécanique à tarifs se casse. Eh ! oui ! on a fini par s'apercevoir que ça ne prend plus, que l'ouvrage s'en va tout plan plan à la campagne, et qu'il faudra crevogner comme ci-devant.

Parbleu ! ce n'est pas malin. Les négociants se sont fait ce raisonnement, qui est clair comme deux et deux font quatre :

« Ils tiennent à leurs tarifs, laissons-leur cette satisfaction. Aussi bien, il est évident que les vivres sont chers à Lyon et que nous ne pourrons jamais y trouver la main-d'œuvre à bon compte.

« Mais la campagne n'est pas si exigeante, Dieu merci ! Là, nous gagnerons un peu plus et nous pourrons soutenir la concurrence avec les fabriques étrangères. Et, va pour la campagne ! »

Et voilà où en est la canuserie. Tout passe à la campagne, hormis cependant les façonnés et les articles délicats. L'ouvrage ne s'y fait pas plus mal... et la Croix-Rousse tire la langue.

Je ne ris pas, allez. C'est à ce point que les ouvriers ordinaires qui font les petits comptes, ne peuvent vivre à Lyon, et qu'il y a en ce moment une misère affreuse dans un grand nombre de petits ménages.

Je voudrais qu'on pût me contredire, mais on ne me contredira pas.

Et que faire, maintenant? Il n'y a que deux moyens ; ou monter une nouvelle mécanique pour élever les façons et retenir l'ouvrage en ville, ou bien filer à la campagne. Que ceux qui disent tant qu'ils aiment l'ouvrier, veuillent bien tailler leur plume et parler pour eux en ce moment : il y en a besoin.

UNE MAISON DE COMMERCE

5 novembre 1873.

Je viens de recevoir une lettre toute pleine de compliments et de félicitations, et encore en vers de poésie s'il vous plait. Peu habitué aux caresses de ce genre, je me sens trop ému pour y répondre aujourd'hui, et si vous voulez bien, je vais, en attendant, vous conter une petite histoire qui vous intéressera plus que la lettre en question.

La scène se passait hier à la porte d'un des grands magasins de notre ville.

Un monsieur très bien mis, à l'œil franc, au maintien noble et ferme, discutait avec le patron de l'établissement entouré d'un nombreux personnel. Perdu dans la foule des curieux, j'ai pu saisir le dialogue suivant :

Le patron : Ma maison, il est vrai, aurait grand besoin d'un directeur honnête comme vous, monsieur, soit dit sans flatteries, car nous vous connaissons. Nos affaires n'ont pas prospéré depuis bon nombre d'années, et la faute n'en est pas à nos produits toujours réputés excellents, ni à nos actionnaires qui nous ont toujours versé l'argent à pleines mains. La faute en est à la mauvaise direction et au manque d'ordre.

Un jour c'est le premier commis qui vend à perte — pas pour lui évidemment — une autre fois le caissier qui emporte la recette ; puis les livres mal tenus ; puis des entreprises à l'étranger qui ont amené beaucoup de frais, beaucoup de bruit, mais voilà tout ; puis sur place des banqueroutes, des incendies, avec indemnités aux voisins, et la perte d'un matériel considérable.

Le monsieur : Vos malheurs me sont connus, cher monsieur, et bien des fois j'ai pleuré en apprenant les désastres de cette maison autrefois si florissante. Je ne puis oublier d'ailleurs, qu'elle fut mon premier berceau, et les liens de famille qui me rattachent à vous. Aussi bien, mon plus terrible crève-cœur était de ne pouvoir vous offrir mon dévouement, et au premier signe, j'accours.

Le patron : Merci, cher cousin, ce n'est pas de refus, je vous l'assure, car il en coûte pour employer des étrangers, et je suis payé pour le savoir... Mais vous serez bien novice pour le maniement des affaires, n'ayant jamais été dans le commerce?

Le monsieur : C'est précisément ce qui vous trompe. Croyez-vous que j'ai perdu mes trentes années d'absence à ne rien faire? Pas du tout. J'ai eu le temps d'étudier à fond le mécanisme des grandes industries, et je crois n'ignorer aucune des conditions actuelles du commerce...

Le patron : Même dans les nouveautés?

Le monsieur : Même dans les nouveautés... J'entends les véritables et sérieuses nouveautés... et non pas le clinquant et le faux-teint qui détruisent plutôt la clientèle...

Le patron : A propos de clientèle, j'avoue que la nôtre a bien diminué ces derniers temps, et nous faisons peu d'affaires avec les maisons d'Europe. C'est triste à dire, mais...

Le monsieur : Permettez-moi encore ici de vous offrir mes services. Par ma famille et personnellement j'ai de nombreuses relations ; elles pourront vous être utiles.

Le patron : Mais, vraiment, quel homme précieux vous êtes ! Déjà la renommée vous avait grandi à mes yeux, mais votre visite me ravit d'admiration. Allons, je vois que nous ferons bon ménage. Et quels appointements demanderez-vous ?

Le monsieur : Oh ! pour ça, cher cousin, nous serons certainement d'accord. Je tiens avant tout à l'honneur de notre famille et à la prospérité de la maison. Je jouis d'une honnête aisance, je n'ai pas d'enfants, et pas de dettes. Je demande ma part de travail et de dévouement, votre amitié, et voilà tout.

Le patron : Ah ! c'est trop, pour le coup, et votre générosité me confond. Je ne souffrirai pas vraiment...

Le monsieur : Si fait ! si fait ! vous avez besoin d'aller à l'économie, et même vous pourriez supprimer un certain nombre d'employés qui n'ont rien à faire... ce qui diminuerait d'autant vos dépenses.

Quelques employés : Ah ça ! qu'est-ce qu'il dit donc, celui-là ? C'est un jésuite pour sûr, et si on nous le donne, gare à lui !...

Le patron : Serait-ce vrai ?

Le monsieur : Quoi donc ?

Le patron : Que vous allez à la messe ?

Le monsieur : Oui !

Le patron : Ah ! diable ! ça va choquer mes gens...

Les employés : A bas le réac ! c'est un réac !

Le patron : Oui, à propos. Quelle est la couleur de votre chemise?

Le monsieur : Mais elle est blanche, parbleu !

Le patron : Bien fâché, mais chez nous on porte du quadrillé. Quittez votre chemise, s'il vous plait, on va vous la changer.

Le monsieur : Ah ! mais, pas comme ça devant le monde. Entrons d'abord, nous verrons après.

Le patron : Quittez votre chemise ou sinon !...

Et l'affaire en est là.

LA MÊME MAISON DE COMMERCE

17 novembre 1873.

« Les canuts se contenteront de conserver un peu de bon sens. »

Telle est la phrase prétentieuse qui terminait ma dernière lettre. Inutile d'ajouter qu'elle a soulevé autour de moi des colères bleues et qu'on m'appelle tout bonnement bachelier manqué, ignorantin, jésuite déguisé.

En effet, chers correspondants, très manqué, et déguisé... pas mal. Seulement on vient de me conter une histoire qui va vous faire plaisir bien sûr, et je m'empresse de vous la redire toute chaude.

Or donc, vous savez le grand magasin de l'autre jour qui refusait pour directeur un homme de mérite à cause de la couleur de sa chemise, eh bien! ce magasin est en train de faire maison neuve... attenant.

Pour plus de détails, lisez votre *Salut public* bien-aimé ; il est tout à fait au courant de la chose, et chaque soir il demande, il réclame, il supplie, il conjure de faire vite, vite !

· Il vous dira comme quoi le commis des affaires étran-gères a des boutons de manchette en fleur-de-lys, ce qui compromet le commerce ; comme quoi le précepteur des enfants du patron a une verrue au bout du nez, ce qui indique l'ignorance ; comme quoi le caissier porte la bar-biche à l'impériale, comme quoi le teneur de livres a des pantalons collants, le commis de vente noue mal sa cra-vate, l'emballeur a les mains trop blanches et la cuisinière les yeux trop bleus.

Et ne riez pas, c'est plus sérieux que vous ne pensez ; à ce point que le *Salut public*, malgré toute son intelligence, ne comprend pas que ces employés ne comprennent pas qu'ils sont, à cause des graves défauts ci-dessus, devenus impossibles.

Est-ce assez bêtement raisonné, ça, dites-moi, les gones? Et en supposant que ce magasin soit le gouvernement français, et les employés des ministres, ça vous parait-il moins bête?

Pauvre benêt que je suis! je m'imaginais, moi, que le métier gouvernemental étant le plus délicat, le plus diffi-cile à manœuvrer, le plus important de tous les métiers, on ne devait mettre là que des hommes rompus aux affai-res, formés par un long apprentissage, choisis avec soin parmi les plus fortes têtes du pays, que pour les finances il fallait un bon financier, pour le commerce un bon com-merçant, pour les affaires étrangères un bon diplomate, pour l'intérieur un administrateur achevé, pour la justice un homme de lois, et ainsi de suite...

Encore une fois, pauvre benêt, il s'agit bien de ça! · Ecoutez donc les écrivains *intelligents :*

« Monsieur est-il rose pâle? rouge tendre? ou vermillon? Monsieur est-il centre gauche? gauche modérée? groupe Périer? couleur Christophle? nuance Wolowski? Monsieur est-il boutonné comme M. Thiers? ou tondu comme M. Grévy? ou peigné comme Jules Simon? »

Et selon la réponse, on vous monte au pinacle ou on vous flanque à bas du ministère, ni plus ni moins !!!

Pour la troisième fois, est-ce assez bête, voyons? Et voilà où en est le *Salut!*

Eh bien! écoutez, Messieurs les écrivains, citoyens bacheliers, commis de ronde de la politique, finauds de toutes les catégories, chez nous, chez les canuts, ce n'est pas comme ça. Pour être patron il faut avoir fini son apprentissage et savoir à fond organiser l'atelier. Sans tant regarder la couleur du menton, on met veloutier celui qui sait faire les velours, taffetatier celui qui sait faire le taffetas, plieur celui qui sait plier, dévideuse celle qui sait dévider, et cuisinière celle qui connaît la cuisine. Et tout le monde s'en porte mieux.

Il est vrai que nous nous contentons de conserver un brin de bon sens.

LA RÉPUBLIQUE DES PIERRES-PLANTÉES

9 novembre 1872.

Un jour, les gones, il y a longtemps de ça, vous n'étiez pas encore sevrés, la brisebille se mit dans les ateliers des Pierres-Plantées, une République qui marchait cependant comme sur des roulettes, nom d'un rat!

On en était venu à se tarabuster du matin au soir, et on se battait jusques sur la soupente.

Comme avec tout ce tracas l'ouvrage n'avançait guère, et que la vaisselle finissait par rester sur le carreau, on convint de nommer aux voix des espèces de juges, comme nos prud'hommes censément.

Seulement, au lieu de s'accorder un peu à l'avance, on se monta la tête par des tripots, et voici ce qui arriva : les fabricants firent un grand dîner, et entre un pâté de foie gras et une bouteille de Champagne nommèrent un grippe-sou premier numéro ; les patrons eux aussi étaient un peu *bus*, et choisirent le grand-père Jolibec ; enfin les ouvriers et les apprentis, ayant passé deux jours en goguette, votèrent pour un mami qui buvait comme une seringue et ronflait après comme une fiarde.

Vous pensez bien qu'après un pareil outillage, le métier gouvernemental devait bousiller l'étoffe, et, de vrai, ça devint plus pire qu'auparavant.

Ces trois prud'hommes étaient toujours là à se faire des yeux comme des chats de la mère Michel. Grippe-sou détestait les patrons et n'écoutait que les plaintes des fabricants ; Jolibec, lui, avait dans l'idée qu'on peut filouter les fabricants, et se fichait des apprentis et des ouvriers comme de l'an quarante ; quant à la seringue, il envoyait paître les patrons un peu proprement, et donnait toujours raison aux ouvriers.

Bref, ça ne pouvait pas durer comme ça, et ça ne dura pas.

Les trois bugnards du gouvernement étaient toujours en dispute, et se dressaient sur leurs arpions comme des coqs qui vont se faire voler la plume.

Dans les ateliers, idem ; les canezards criaient sur la place, juraient, se faisaient le poing ; les canuses se démenaient le batillon et se tiraient la langue... tout, pendant que brûlait la lampe du bon Dieu.

Et puis, la veillée, c'était de vrais enfers, et je crois que si on avait eu des fourches comme là-bas, on se serait éventré.

Et vous comprenez bien, pardine! qu'on n'avait pas le temps de travailler. Tout était sens devant dimanche. Les chaines traînaient sur le métier; les couleurs se fumaient; les jacquards étaient rouilles; la trame pourrissait dans un coin; les miaillons crevognaient de faim dans l'autre; les poupards miaulaient dans leurs guenilles.

Enfin, à force de disputailler, à force de jeter l'huile sur la braise, la poudre prit feu et la bombe éclata.

Donc, tout par un jour, voilà mes trois juges — censés de paix — qui s'empoignent comme de vrais matous et se déchicotent les museaux à grands coups de griffe.

Les ouvriers qui, d'en bas, les entendaient gueuler, coururent arracher leurs ponteaux et démantibuler leurs battants pour assommer les patrons; ceux-ci attrapèrent leurs couteaux ou leurs pique-feu; les fabricants arrivaient avec des fusils; canuses et bourgeoises se sautèrent à la tignasse; les gones s'esquintèrent à coups de pavés..., et il se fit un margouillis de tout le tremblement de la boutique.

A l'époque, vivotait un brave frangin de canut, qui n'était peut-être pas tant blagueur, pas tant bistaud que les autres, mais qui avait reçu un peu d'aime da sa maman. C'était le petit Guignol du Puits Pelu.

..... Cristi! de nom d'un chien! qu'il se dit, voilà-t-il pas un tas de benonis qui se dessempillent le menillon à cause de ces trois pillereaux! Attattends!

Il vous attrape un picarlat derrière la porte, monte dans la cambuse, comme dit Pilon, et d'ici, et de là! et hardi donc! il vous écramaille ces trois godelureaux...., qu'ils ont été d'accord tout de suite.

Sitôt fait, il saute sur la fenêtre... et brandigolant son mouchoir au bout de sa tavelle :

« La paix ! la paix ! braves gens, assez de bêtises. Hé !... »

C'était trop tard.

Les gones s'étaient écrabouillés comme des pommes cuites et mangés de colère et de rage. Il ne restait plus sur le pavé que les casquettes, une douzaine de chignons et quelques empeignes de galoches.

. . . .

Mon histoire est vieille, n'est-ce pas, camarades. Eh bien ! ne faites pas tant les fiers : moi je vous dis qu'elle reviendra demain si on ne veut pas s'entendre, et on ne s'entend pas.

Oui, il y a aujourd'hui de ces espèces de prud'hommes faux-teint; c'est un tas d'écrivassiers qui n'ont que la blague. Ils nous chantent tous les jours qu'ils vont arranger les ménages et raccommoder les opinions, et, en fin de compte, ils sèment la brouille de partout.

Ils vous gueulent la fraternité à tous leurs couplets, et finalement ils font des murs mitoyens entre les braves gens, pour ne pas perdre leur clientèle.

Ce sont de vraies orgues de Barbarie en papier machuré: ils tournent toujours la même manivelle, il en sort toujours les mêmes chansons, et ce sont toujours les mêmes badauds qui vont tendre le bec devant leur machine.

Et, ce qu'il y a de plus bête, c'est que chacun croit avoir la plus jolie musique, et n'en fredonnerait pas d'autre pour un empire.

Si bien qu'en écoutant japiller le premier mami venu, on se dit : Tiens, en voilà un qui va à l'école chez M. Chose; tiens, cet autre parle comme M. Machin...

Cristi ! mais vous ne savez donc rien penser tout seul?

Faut donc absolument que vous siffliez ce que sifflent ces merles à bec jaune ? Je sais bien que vous n'êtes pas tous des bacheliers, mais crédienne ! est-ce que vous n'avez pas dans la cervelle un petit levain de bon sens en réserve ? Eh bien ! alors, servez-vous-en donc, tas de molasses, et n'avalez pas les gorgeons de ces drogueries sans voir ce qu'il y a dedans.

Mais, regardez donc bien, regardez donc de tous les côtés : à droite, à gauche, devant, derrière, pour savoir où se trouve la vérité vraie.

Lisez donc un peu de tout puisque vous voulez lire.

« Petit, me disait autrefois mon grand, tu as deux yeux, ça signifie qu'il faut y regarder à deux fois; tu as deux oreilles, ça veut dire qu'il faut écouter des deux côtés :

« Qui n'entend qu'une cloche n'entend qu'un son.

« N'oublie pas ça, petit. »

Braves gens, ne l'oubliez pas non plus.

Examinez, examinez bien, ou sinon vous ferez comme la vieille république des Pierres-Plantées, et gare l'omelette !

Encore une fois, examinez.

Et que diable ! on le fait bien pour les melons !

L'EMPOISONNEMENT POUR TOUS

28 avril 1876.

Allons, nous voilà encore dans le pétrin, et Dieu sait comment on en pourra sortir.

Pourquoi d'ailleurs s'en étonner ? Les marchands de

sottises n'ont-ils pas le haut du pavé? et les badauds ne sont-ils pas le nombre?

Oui, oui, ô siècle de la drogue, l'avenir est aux charlatans !

Nous y allons, nous y courons..., on nous y pousse !

Désormais chaque citoyen de notre heureuse République aura, à la portée de sa main, une drogue rare pour s'empoisonner.

Il y a à Saint-Clair, vous le savez, une grande machine des eaux, et là haut, à Montessuy, une colonne surmontée d'un grand réservoir qui arrose la ville par des milliers de robinets.

On abreuve le pays de la même façon. En haut, je ne sais où, une immense machine, chauffée et maniée par trois millions de francs-maçons..., avec tous les accessoires, manivelles, rouages, engrenages, courroies de transmission, volants, bouilleurs, pistons et pompes.

Toute la mécanique joue à la perfection.

Elle puise, repuise dans les fins fonds de la société ce qu'il y a de plus bas, de plus bête, de plus ordurier : mensonges, scandales, immoralités, préjugés stupides, cancans et folies.

Tout ce mélange affreux est déversé dans le réservoir qu'on appelle Paris ; et de là, par des milliers, par des millions de tuyaux... de plumes, de chemins de fer, de fils télégraphiques, se glisse, circule, s'infiltre, alimente nos conseils municipaux et... autres, inonde nos cafés, nos libraires, monte aux étages, se faufile à la campagne...

Robinets intarissables, distillant le poison, nauséabond souvent, souvent parfumé..., où tout le monde peut boire, depuis le petit enfant jusqu'au grand père, depuis madame jusqu'à la bonne... et ainsi de suite.

On se met dans le corps, je le sais, bien des drogues qui

vous ruinent l'existence. Ainsi les gros se tuent avec le
faux Champagne et les prétendus vins fins, et le pauvre
peuple se calcine à coups de petit-bleu; sans parler des
sucreries qui étiolent les bébés, et des cornichons qui vous
cuisent l'estomac.

Mais qu'est-ce que cela, en bonne vérité, à côté des
venins qu'on se glisse dans les veines du cœur et dont on
arrose sa pauvre cervelle?

Il y en a partout, il y en a pour tous! pour tous les
âges, pour tous les goûts, pour toutes les bourses et pour
tous les esprits, petits et grands.

Littré et Renan alimentent le robinet des hommes
d'esprit, Georges Sand celui des dames du grand monde,
Eugène Sue celui des employés de bureau; Paul de Kock
abreuve les demoiselles de magasin et les modistes : idem
et tant d'autres s'ouvrent à deux battants sur la façure et
le détrancanoir!...

Et les journaux! Ah! Grand Dieu! Comptez, depuis le
Censeur jusqu'au *Rappel* en passant par les *Droits de
l'homme*, comptez les boutiques frelatées qu'ils ont ouvertes
sur la voie publique.

Là aussi, tout le monde est servi en proportion de ses
moyens, à partir de cinq sous et en redescendant jusqu'à
deux liards...

Et puis voyez la ruse et comme on vise à la clientèle!

S'agit-il d'empoisonner la Croix-Rousse, par exemple?
Examinez voir un peu le truc du *Censeur*. C'est un traquenard complet.

Pour pincer les hommes, ces pauvres girouettes qui
tournent en grinçant au premier vent politique, faisons de
la politique rouge, rouge...

Pour empoigner les mauvais drôles... qu'allons-nous
faire?... C'est ça, abimons les curés.

Il y a là aussi des esprits à demi cultivés... ; entendu! le *Juif-Errant*... à cause de la grivoiserie entremêlée de littérature...

Puis, nous attirerons tout le petit monde féminin, si nombreux, si cancannier, si curieux et si bavard, par... *le diable de Margnoles!*

Et en avant la musique!!!

O gouvernants! que faites-vous donc là-haut! Vous allez, sans doute, défendre la chasse, multiplier les gardes-champêtres, restreindre la pêche, poursuivre les voituriers qui battent leurs chevaux, etc... Quand penserez-vous aux citoyens? On ne peut empoisonner une rivière; peut-on empoisonner un peuple?

C'est la liberté, dites-vous? — Bien! — L'ordre, *j'en réponds*, ajoutez-vous? — Très bien! on verra ça; on l'a déjà vu.

Empoisonnez-vous; la santé, j'en réponds.

UNE RÉVOLUTION

4 mars 1876.

Il y avait une fois un gentil petit pays, drôle tout plein, à faire griller de jalousie tous les pays de Cocagne de la République universelle. A dire vrai, les millionnaires n'y poussaient pas trop plus que les oranges à la crête du Pilat; mais, en revanche, on y mangeait des grattons quasiment son aise, et, à force de tâcher moyen de faire en sorte, les bons zigs du métier arrivaient, bon an, mal an, à pouvoir joindre juste les deux bouts.

Or donc, il advint que certains mamis, trouvant un jour que les marches étaient trop raides, les fils trop cassants, les rouleaux trop bas, le battant trop lourd, imaginèrent un truc pour se la couler douce et licher de bons morceaux.

« Ecoutez, les gones, dirent-ils à leurs camarades, si nous avons lâché le bouton de la canuserie depuis quelque temps, ce n'est pas de fainéantise, mais bien à seule fin d'imaginer un remède qui vous empêche de petafiner dans la misère.

« Aussi bien, sans nous vanter, nous avons réussi à la perfection, et vous saurez d'abord :

« Que si la fringale règne dans le quartier et la brise-bille dans le ménage, c'est la faute au bon Dieu ; c'est-il pas lui, nom d'un rat ! qui voudrait nous défendre de rigoler, de faire la noce, de danser, et... de tailler une robe dans l'étoffe du fabricant ?

« C'est-il pas lui qui a inventé le conjungo, après quoi il faut tirer l'échelle... de la liberté ?

« C'est-il pas lui qui parle d'empêcher ceux qui n'ont rien de chipper des lapins, du vieux vin, des montres et des poules à ceux qui en ont trop ?

« Si ça ne fait pas regret !

« Et cette manigance d'église, et le sou des chaises, et cet impôt sur le pauvre monde, qui s'appelle baptême, mariage, enterrement, quête ?

« Moi, je suis un notaire, et je vous dis que c'est une boutique d'argent.

« Moi, je suis avocat, et je soutiens qu'ils vous carotteront vos économies.

« Moi, j'ai passé dans leurs séminaires, j'ai vu leurs ficelles ; c'est tout de la frime, vrai ! comme je m'appelle Brak. »

..... Et ainsi de suite.

Vous pensez bien qu'avec ce refrain-là, nos benonis, qui

avaient d'abord allongé l'oreille, ouvert le bec et écarquillé les yeux, ont fini par se laisser embobiner.

Enfin, c'était la mode, que voulez-vous.

Aussitôt donc, il se fit un rebrassage complet dans le métier gouvernemental du gentil petit pays, à tel point que les poupards étaient obligés à renoncer au bon Dieu pour avoir à téter.

Figurez-vous donc, ces pauvres chéris, on ne les baptisait plus qu'au café Ruffin, et puis après, ça allait toujours en augmentant comme ça. A trois ans, on leur apprenait à jurer, à cinq ans ils entraient chez Mamzelle Bobard ou chez Msieu Librelaïc, à quatorze ils savaient... courir les trottoirs, à trente on les mariait au passage de La Voûte et à trente-deux ils mangeaient la salade par le trognon, avec un discours et un triangle sur le cotivet.

Toujours histoire de faire des économies, vous comprenez... et de rigoler..., etc.

Enfin, vingt ans après, je repassais dans le gentil petit pays, et bête comme tant d'autres, je m'imaginais que mes gones avaient ramassé des écus à pleins paillas.

Ah! je t'en fiche, va! Le quartier était tout en marmelade, et puis du propre.

A commencer par les fabricants, ils étaient tous contents d'être bien aises, pardine! qu'il n'y avait plus de bon Dieu, et ils te vous rognaient les façons attenant.

Les épiciers faisaient faux poids, les dévideuses empochaient les bobines, les mange-tout brûlaient leurs ouches, les mamans taillaient des cornes aux papas, qui se vengeaient sur les apprentisses, les boulangers faisaient passer leurs farines gâtées, les cafetiers droguaient le vin, les regrattiers étaient montés au conseil, les piqueurs d'once au parquet, les voyous tenaient la police...

Et dans les familles, ah! c'était le plus canant de

l'affaire ; par exemple : le jour on n'y trouvait que des puces, on n'y entendait que les artisans qui se faisaient de bosse à travers les rouleaux et la garde-robe ; et puis le soir, toute la ménagerie rentrait. On gueulait, on se dessempillait la tignasse et on s'appelait *faignants*, et hardi donc !...

Toujours histoire de faire des économies... et de rigoler... etc., vous comprenez ?

Comprendra-t-on ?

P.-S. — Si vous voyez M. Bouchu de la voirie, dites-lui donc, sans vous commander, qu'il vaudrait peut-être mieux faire passer les ruisseaux de la rue Belfort sous le pavé que dans nos sabots.

.LE TRUC DES ENFOUISSEURS

27 janvier 1873.

Ne vous étonnez pas si le *Petit Lyonnais* annonce tant d'enterrements civils. Non seulement ces libres charlatans font commerce de nouveau-nés, je viens d'apprendre qu'ils trafiquent encore d'une drôle de manière dans les hôpitaux.

Un de mes camarades que je visitais hier à l'hôpital de la Croix-Rousse, m'a mis au courant de leur truc.

Il parait que l'administration des Hospices veut plus que jamais maintenir une loi, déjà ancienne, d'après laquelle « il n'y a d'autres enterrements gratuits que ceux faits par le *grand-corbillard.* »

Vous comprenez de suite la position d'une famille pauvre quand un de ses membres meurt à l'hôpital.

Ou bien elle veut un enterrement particulier, et alors il faut sacrifier 40 ou 50 francs;

Ou bien elle ne peut pas payer, et alors le défunt séjourne au dépôt, est dépecé à l'amphithéâtre, et s'en va à la fin par le grand corbillard à une fosse inconnue.

Or, beaucoup de familles ouvrières ne peuvent pas faire ce déboursé, et, d'autre part, cependant, il est cruel de voir partir ainsi ceux qu'on aime.

Nos libres charlatans ont parfaitement compris la question, et ont résolu d'en tirer profit pour la montre et le scandale.

Dès qu'ils voient entrer un ouvrier à l'hospice, ils le mettent sous la surveillance de leurs affidés. Ces derniers sont chargés d'expédier une dépêche au comité des enfouissements aussitôt le dernier soupir rendu.

Alors les délégués se mettent en campagne; la famille est circonvenue. On lui fait entrevoir l'horrible corbillard d'un côté, et de l'autre les 40 ou 50 francs qu'il faudra sacrifier... et que souvent on n'a pas.

« Laissez-nous faire, disent les bons apôtres, nous nous chargeons de tout, et vous aurez votre enterrement particulier, un enterrement splendide... avec des porteurs qui ne vous coûteront rien... une suite nombreuse, et une fosse à vous appartenant. »

Hélas! la tentation est souvent trop forte : les parents cèdent. Nos délégués triomphants courent à la mairie, à la police, s'arrangent là je ne sais trop comme — d'ailleurs ça ne me regarde pas — arrivent à l'hôpital et réclament le corps au nom de la famille; le corps est délivré et... la farce est jouée.

Le lendemain, toutes les sections de Lyon montent sur le plateau; on discourt, on boit, on quête, et la libre-pensée compte une victoire de plus. Toutes les feuilles rouges

racontent le fait, reproduisent la lettre d'invitation aux
quatre coins de la France, et toutes oublient un détail...
c'est que le prétendu libre-penseur est mort après avoir
reçu les sacrements de l'Eglise.

Et il n'y a souvent que ça de vrai.

Je le tiens de source certaine : sur dix ainsi enterrés,
huit au moins sont morts en bons chrétiens, après avoir
eux-mêmes demandé les secours de la religion.

Je défie M. Duvand et tous ses chroniqueurs de me contredire. Qu'on fasse des enquêtes, et on verra.

O libre-pensée ! que tu es parfaitement ridicule !

Maintenant, à qui la faute si de braves chrétiens sont
ainsi outragés dans leur sépulture, sont trainés comme
des chiens, et reposent au cimetière avec un triangle sur
la tête ? Je laisse à de plus fin que moi le soin de répondre.
Il me semble qu'il y a là une question des plus graves, et
que ces comédies sont un outrage aux défunts et à la
morale publique.

Familles, police, mairie, administrations, légistes, écrivains, meneurs, gouvernants, disputez-vous la responsa-
bilité.

Quant aux libres-penseurs, je n'ai qu'un mot à leur
dire : ceux qui s'attaquent aux morts sont des *liches*.

LES ENTERREMENTS

12 mars 1873.

C'était à un enterrement... encore pas civil, s'il vous
plaît.

Faut vous dire que chez nous les enterrements, c'est
toute une histoire. J'imagine que les chrétiens y perdent

bien une journée par semaine, les unes dans les autres, et les libres-penseurs au moins trois. Mais là, sans frimes ! Ces derniers ne se plaignent pas trop, ce qui reviendrait quasiment à dire qu'on les paie ; mais les autres, perte sèche, sans compter, bien entendu, les *couacs* qu'on leur lance par les fenêtres.

Sitôt que vous êtes mort, tant pauvre seriez-vous, jusqu'à vendre votre coître et brûler votre bois de lit, on vous fait imprimer deux cents lettres de deuil. C'est dix écus jetés à la rivière, qui suffiraient à fournir la pitance au moins quinze jours, et qui vont faire bisquer un tas de patronnes... Mais bas !...

« Dis donc, ma vieille, tu sais que je suis d'enterrement ?

— Allons donc ! encore ?

— Tu vas vite cirer mes bottes.

— J'ai pas le temps.

— Et brosser ma veste...

— Ah ! ces hommes, grand Dieu !

— Et donner un coup de fer à ma chemise...

— Tas de feignants, va! Toujours des rebriques pour ne rien faire : l'an dernier c'était la garde nationale...

— Tu me prêteras tes breloques, pas ?

— Pardine ! elles finiront bien par aller au Mont-de-Piété !...

— Et tes gants ?...

— Mènes-tu le petit ?... enfin reviens vite, entends-tu?

— Arrange donc ma cravate.

— Il y aurait bien un point à faire là... mais ta veste cache.

— Ça va bien ! As-tu trente sous ?

— Oui ! pour les boire à la *Bienvenue!*... etc... »

Enfin le bourgeois échappe aux griffes de la bourgeoise.

Il part ; tout le monde part, chapeau sur l'oreille, les mains dans les poches. Derrière le cercueil le mari et les enfants pleurent ; au second rang on jase politique, au troisième on se moque du curé qui va devant, au quatrième on cascade des grivoiseries, au cinquième on fume.

Bah ! que voulez-vous donc ? Faut bien montrer un peu de sympathie à la pauvre morte.

Oh ! ne riez pas, bourgeois pour de bon, qui habitez les belles rues d'en bas : vous faites ça en grand, mais vous faites la même chose.

Enfin, on arrive au cimetière, on se touche le bout de la patte, on monte à la *Bienvenue* boire les trente sous, et finalement à dix heures on rentre... pour souper... entre quatre gifles... mais baissons la toile.

Hier donc, c'était à un enterrement à peu près comme ça, et après la cérémonie, il m'a pris fantaisie de faire un tour dans le nouveau cimetière.

Tout naturellement, je veux voir de près ces fameux triangles qui font tant baver le *Petit Lyonnais* et tant courir le pauvre monde. Que diable ! est-ce que ça représente ? Est-ce la figure du Père éternel, comme sur les vieilles images ? Est-ce une pyramide d'Egypte ? Est-ce un chapeau de gendarme ? Est-ce un moule à gaufres ? Un vrai mystère, ma parole !

Et quand on pense que tous ces gones à triangles sont là couchés côte à côte avec des chrétiens, ça fait regret, nom de nom !

Est-ce que les curés ne pourraient pas faire mettre toute cette catégorie-là dans un coin ? Les protestants valent-ils pas mieux que ces galavards ? Et cependant ils ont leur lit à part. Pourquoi ? Ah ! cristi ! j'oubliais : Ça ne me regarde pas.

Pour en revenir, j'ai encore vu une chose incroyable

dans ce nouveau cimetière de la Croix-Rousse. Figurez-
vous donc que j'ai compté au moins une dizaine de ces
triangles qui ont une croix par devant, mais une croix
véritable et toute mignonnette. C'est drôle tout de même.
Quand je vous disais qu'ils sont plus bêtes que méchants,
et qu'ils porteraient la croix même sur la poitrine, si on
leur en cognait une.

NOUVELLES DU PLATEAU

27 août 1873.

Vous me demandez où en sont les libres-penseurs de la
Croix-Rousse ; hélas ! malgré les décrets de M. Ducros, ils
en sont toujours au *Petit Lyonnais* et aux enterrements
civils. La peste communarde fait tout plan plan son petit
chemin ; on est bête comme devant, et on veut rester
bête. La bêtise se faufile partout ; elle passe du père aux
enfants, du patron aux apprentis, du compagnon au
lanceur, de l'ovaliste à la remetteuse, d'un atelier à un
autre, et, faut-il le dire ? du magasin aux ouvriers par le
moyen des .. ah ! diable ! j'oubliais qu'il ne faut pas
toucher à cette corde ! sans quoi les commis !...

Et voilà !

Je vous dis que ça fait regret d'entendre raisonner le
monde, sans parler de la plate, où une jeune fille honnête
ne peut plus entrer aujourd'hui, il s'en débite des balivernes, et au café, et sur le boulevard, et chez l'épicier, et
chez le marchand de tabac ! Mais de ces balourdises qui
n'ont pas même teinture de bon sens, et qu'on vous

soutient là avec un sérieux, avec un aplomb... Franchement ce serait à croire que nous venons des singes, comme
disent les savants, et peut-être même de plus bas.

Là-bas chez vous, paraît-il, les enterrements civils sont
à la baisse ; je crois même avoir lu dans certains journaux
que la queue des convois se rogne de plus en plus. A la
Croix-Rousse nous n'en sommes pas là. On organise plus
que jamais des tripotages pour marauder les cadavres, et
je pourrais vous citer telle pauvre veuve qui s'est vu
enlever son mari par quatre pillandres de beaux-frères, et
qui n'ose quasiment plus sortir a rue, tant elle a honte.

D'ailleurs la queue des enterrements est toujours aussi
longue ; oh ! mais une vraie queue, par exemple. On voit
d'abord quelques habits brossés, quelques chapeaux à
cornet de poêle : ce sont les gros bonnets de la libre-
pensée. A défaut de prestance, ils ont au moins l'air de se
prendre au sérieux. Puis viennent les ouvriers pour de bon,
qui ont gobé la prune, pauvres mamis ! on dirait des
canards qui vont au bain. Et de vrai ! ils ne savent pas
trop pourquoi. Puis enfin, ce qu'on peut appeler la bande,
en blouses sales, en casquettes cirées ; ça pue l'absinthe,
ça se dresse sur ses grolles éculées, et ça ricane tout bas
dans sa barbe...

Et tout ça marche, une, deux, toc ! toc ! le menton en
avant, la main au gousset, le regard plein d'avenir, à
cinq pas de distance, et alignement !...

Et ces gens-là viendront encore se moquer de la procession de leur curé ? Allons donc ! tas de guignols !

Mais comment, direz-vous, savent-ils bien l'heure des
enterrements ? Le *Petit Lyonnais* est bien tant soit peu
muselé ?

Du tout pas ! le *Petit Lyonnais* arrive partout, et voici
comme :

Le mot d'ordre a été donné aux frères et amis. Tous

ceux qui veulent le journal en question, tracent à leur porte une marque connue des distributeurs. Grâce à cette ruse, ceux-ci peuvent être changés tous les jours sans inconvénients, et dérouter ainsi la police.

Le distributeur ou la distributrice — car on emploie beaucoup de femmes — arrive dans une allée, avec un plein panier de journaux, monte aux étages, cherche la marque et ne se trompe jamais de porte...

Hein ! comprenez-vous ?

Oh ! puis, laissez donc, si les ouvriers ne lisaient pas M. Duvand, rien que les bourgeois feraient sa fortune. L'autre jour — hélas ! l'ouvrage ne va pas guère aujourd'hui — l'autre jour que je me promenais dans les quartiers bourgeois, j'en ai rencontré plus de quarante en demi-heure avec le *Petit Lyonnais* au bout de leurs gants jaunes, quasi autant que de décorés de la Légion d'honneur.

Très bien, messieurs !

On ne peut que gagner en bonne compagnie. Manquablement vous y cherchez des leçons de vertu ? Eh bien ! lisez ses feuilletons. Vous pourrez même y voir à quelle sauce on vous mangera quand viendra le *grrrand jour !*...

A propos de vertu, je connais, moi, un débitant qui faisait des embarras ; qui vantait M. Duvand ; qui se moquait de sa Benoite, une bonne vieille servante catholique sincère ; qui cajolait son *Petit Lyonnais*, qui grinçait contre les cléricaux.

Or donc, ce brave débitant élevait son garçon et sa fille avec la morale du *Petit Lyonnais*, leur faisant avaler ça chaque matin depuis *a* jusqu'à *z*, avec force explications.

Mais voilà qu'un beau jour, son garçon, placé dans une grosse maison — je ne veux pas nommer — est accusé d'un petit détournement de dix mille francs.

Les gendarmes s'amènent chez le débitant.

Le débitant conjure et promet de payer...

Mais il a perdu sa clientèle...

Et il a fallu que le garçon s'engage volontaire...

Et la fille, qui a quatorze ans... a jeté son bonnet par dessus les moulins...

Et on ne se moque plus de la vieille Benoîte.

LE CERCLE DE LA RUE NEYRET

8 novembre 1872.

Il parait que le Pilon du *Petit Lyonnais* s'est amusé, dimanche dernier, à cracher toute espèce de blagues sur le Cercle de la rue Neyret ; je n'ai su la nouvelle que tard, par mon aîné qui fréquente ce Cercle depuis deux mois, et il m'a dit en même temps que les directeurs de la maison méprisaient la chose et ne répondaient rien.

Que la chose soit méprisable, on le sait ; que voulez-vous ? Le pauvre Pilon fait son métier ; mais qu'on ne réponde pas, qu'on ne donne pas sur les doigts à ce bavard, ça me chiffonne, non pour l'honneur du Cercle, mais pour la gouverne des ouvriers du plateau qui vont avaler ces balourdises comme une soupe au fromage.

Pas de bêtises ! s'il vous plait.

Les grandes plumes à trois sous laisseront souvent passer vos drogues, mon petit Pilon, parce que leur clientèle n'est pas chez nous. Quant aux autorités elles n'ont que faire de protéger le bons sens et la morale ; mais moi qui n'aime pas les charlatans et qui aime les

ouvriers, mes camarades, je me mettrai sur votre passage,
mon petit Pilon, et je crierai tant fort que je pourrai :

« C'est de la drogue ! prenez garde ! c'est de la
drogue !... »

Or donc, la drogue nouvelle du citoyen Pilon est une
décoction de bave sur le Cercle de la rue Neyret.

Cette bave, il la jette avec un plaisir !... on voit qu'il
s'en lèche les babines avant et après ; il la jette partout :
on dirait d'un *carlin* qui lève les pattes devant toutes les
bornes... et cela avec une grâce... et avec un esprit...
que c'est à croquer.

Il a soin de dire que le Cercle, comme toute œuvre
catholique d'ailleurs, enseigne et favorise la mendicité ;
il oublie toujours les quinze mille francs de culottes votés
par son cher Conseil municipal sur la bourse des autres.
Mais, bah ! quand on a tant d'esprit, on n'est pas tenu
d'avoir de la mémoire... ni même du jugement.

Ah ça ! mon cher Pilon, nous prenez-vous pour des
ânes, dignes tout au plus de brouter le chardon de vos
balourdises ?

Est-ce que vous vous imaginez que l'on vous croit sur
parole ?

Nous sommes allés aux preuves ; allez-y à votre tour.
On ne vous mangera pas tout crû, n'ayez pas peur ; et
après vous compterez vos balourdises, si vous en avez le
courage.

Et c'est ainsi que vous prétendez faire de la classe
ouvrière une « génération virile et intelligente » ? Avec
le mensonge et la bêtise ? « C'est par de semblables
manœuvres que l'empire préparait les plébiscites. » C'est
vous qui le dites, et c'est évidemment pour vous que
vous l'avez dit.

Encore une fois, frère Jacques, ce n'est pas à moi à

défendre le Cercle; mais à côté de vos niaiseries, je veux écrire quelques mots que j'ai lus dans son règlement, et qui feront tant soi peu ressortir votre bonne foi.

Vous ne vous êtes moqué que de la messe, du rosaire et des jetons de présence — ne pas confondre avec ces autres jetons qui payaient des vestes à Chepié et des chemises à Challamel.

Eh bien! vous avez oublié:

1° Une caisse de secours mutuels;

2° Une caisse d'épargne à 5 o'o;

3° Un logement pour les ouvriers sans famille;

4° Un restaurant et une buvette... non frelatés;

5° Une bibliothèque et un petit musée industriel;

6° Des conférences scientifiques et littéraires.

Reprenez vite votre plume d'oie, et tant que vous ne vous serez pas moqué de tout ça, je tiens votre croisière pour une gaminerie.

Et si vous n'êtes pas content, cher Pilon, aux bons conseils, j'ajouterai que, depuis que mon garçon va à ce Cercle de « paresseux et de mendiants », il travaille bien plus fort, boit beaucoup moins et se porte beaucoup mieux, sans parler du reste.

Maintenant, cher Pilon, vous pouvez profiter des bonnes dispositions des jeunes gens qui sont allés vous trouver, et former un cercle. On vous attend à l'œuvre.

Au lieu du chapelet, vous leur ferez égrener votre esprit; ils auront bientôt fait.

Au lieu du miaulement des patenôtres, vous leur apprendrez le hoquet... de votre régénération.

Et quant aux ficelles, elles ne leur manqueront pas; ils n'auront qu'à feuilleter vos quatre cent cinquante numéros, quittes à trouver à la fin... la dernière et consolante ficelle de ceux qui n'ont plus le sou.

Si l'argent vous manque pour ce cercle, mon cher Jacques, vous trouverez des signatures et des encouragements à la loge, dans tous les cafés borgnes, chez les propriétaires des garnis et chez les locataires de l'impasse du Gaz. Allez-y gaiment.

Et n'oubliez pas ce que vous avez dit : « nous verrons à qui l'avenir donnera raison. »

L'ASSOCIATION DES PATRONS CATHOLIQUES

15 janvier 1873.

Comme faisant partie de l'Association catholique des patrons de Lyon, je dois vous signaler un article impossible du journal le *Progrès* contre cette société.

Il m'a été facile de comprendre, par un coup d'œil sur le visage de mon voisin Jolibec, qu'il s'agissait d'un engueulement à notre adresse ; car il m'a jeté son *Progrès* avec un petit air malin...

Bref, le *Progrès* est furieux, et j'ajoute : C'est bon signe ; quand ces gens-là se mettent en colère, c'est que le bien se fait quelque part.

Mais ce qu'il y a de singulièrement drôle, ce qui vous ferait hausser les épaules de pitié, si on ne savait pas qu'il y a la plus insigne mauvaise foi dans l'écrivain, et la plus bête crédulité dans les lecteurs, c'est la manière dont ces messieurs traitent la question.

Au moyen d'un mouchard qu'ils ont glissé dans une réunion des Brotteaux, ils ont pu se procurer une lettre d'invitation, où se trouvait indiqué un ordre du jour. Et vite, les voilà qui avec un petit air mystérieux, avec des

cris d'effroi et des gestes épouvantés, dévoilent au public…
les secrets d'une nouvelle terreur noire… à faire frémir le
moyen âge. On dirait que la ville, à cette nouvelle, va
trembler, que les capitaux vont reprendre le chemin de
Genève, que l'argenterie va rentrer dans ses trous… que…
enfin on va décorer M. Palle pour avoir sauvé la patrie
en danger…

Eh! pauvres benêts! nous ne nous sommes jamais cachés. Fallait envoyer vos espions plus tôt, vous n'auriez
pas ainsi resté six mois sans nous dénoncer à la fureur de
vos rares lecteurs.

Mais, avant de poursuivre, je veux vous mettre sous les
yeux le terrible secret :

Le billet sanglant, déterré par le *Progrès*, porte :

« Association catholique des Patrons de Lyon. Bureaux,
rue Mulet, 10.

« Dans la dernière réunion, il a été décidé, à l'unanimité
des membres présents, qu'on remettrait à chaque patron
associé une carte portant son nom, son adresse, sa profession et le cachet de l'œuvre. Cette carte sera, pour les
patrons catholiques, un signe de ralliement. Elle servira
aussi aux patrons ouvriers de lettre de recommandation
auprès de MM. les fabricants pour obtenir de l'ouvrage. »

— « Avez-vous bien lu, s'écrie ensuite le *Progrès*? Estce assez clair? Ne se croirait-on pas revenu aux plus mauvais jours de la terreur noire? »

En effet, chers agneaux du *Progrès*, il ne s'agit rien
moins que de vous rôtir tout vivants, de manger vos
gigots-z'à l'ail, qui sait? peut-être même d'*empaller* un de
vos rédacteurs.

« L'entreprise, ajoute le *Progrès*, se développe et rampe
sinistrement dans l'ombre, vers son but, *sans être nullement
inquiétée*. » — Voilà qui est pour vous, Monsieur le Préfet.

« Si l'on n'y met ordre — écoutez bien, Messieurs du tribunal — cette nouvelle inquisition tiendra bientôt la ville entière matée sous la paume de sa main. » — C'est affreux.

« Nous voyons, continue le journal de la dévote mère Chanoine, nous voyons, dans un avenir prochain, les ouvriers se rendre à l'atelier, un chapelet à la main, et les tisseurs ne recevoir leur soie qu'avec un billet de confession. »

Consolez-vous, bonne mère Chanoine, nous les ferons imprimer chez vous, ces billets; si même vous voulez avoir le monopole des chapelets... mais au moins, ne nous trahissez pas, que diable!

« Trêve de plaisanterie, ajoute l'ineffable *Progrès*, le péril est grave!! »

Oui, mon cher écrivassier, trêve de plaisanterie! en voilà une qui peut compter... vous devez être content de vous.

Le péril est grave, en effet, comme vous dites; le péril est très grave; et c'est votre prose qui est en péril. Fichu badaud! Pensez-vous nous en revendre avec vos grands mots. Allons donc! Allons donc! Pour un *Progrès* vous êtes fameusement en retard. Depuis longtemps les ouvriers ont appris à connaître votre numéro, et vos coups de tonnerre nous font le même effet que les affiches de Rossignol Rollin.

C'est que, voyez-vous, on apprend peu à peu à se passer de certains appuis secrets, de certaines menées franc-maçonniques, de certaines blagues à soixante-quinze centimes la ligne.

Vous vous étonnez de ce que des ouvriers catholiques, jusqu'ici isolés, menacés, insultés, interdits, se réunissent en cercles et en associations pour se soutenir et se défendre;

vous n'êtes pas au bout de vos surprises, allez : il faudra
en prendre votre parti. Nous nous sommes souvenus à
temps que les premiers chrétiens, nos pères, furent plus
forts que les empires et leurs idoles, parce qu'ils n'avaient
qu'un cœur et qu'une âme.

Et, plus vous crierez, messieurs du *Progrès*, plus nous
ferons, jusqu'à ce que vous en veniez à regretter l'Empire
qui, vous le savez bien, n'avait que des faiblesses pour
vous. Il est bien juste, enfin, que la République tienne la
balance égale et nous permette de nous serrer la main entre
catholiques.

Pour ce qui est des insultes que vous prodiguez aux
patrons catholiques, nous savons d'où elles viennent. Je
veux les inscrire ici, afin que les ouvriers honnêtes puissent
les lire et s'édifier.

Donc, vous nous appelez : *pieuvres, corbeaux qui renais-
sent de leurs cendres, animaux, cléricanaille, oreille d'une
franc-maçonnerie insolite, chiens auxquels il ne manque plus
que la taxe, terreur noire, nichée de taupes, nouvelle inquisition, monstre invisible, etc.*

Eh bien! monsieur du *Progrès*, un canut qui, chez nous,
parlerait comme ça, on l'appellerait *malhonnête*.

PAS D'ENFANTS.....

4 octobre 1875.

Je vous écris au bruit des pétards de la vogue, au milieu des cris de joie de nos bons canuts, et un peu sous
l'influence d'une bouteille de vin blanc de Seyssel, qui

vient d'enfiler la rue au pain... en compagnie d'un cent de marrons.

C'est comme ça que nous faisons la vogue, chez nous, de père en fils, depuis une demi-douzaine de générations ; et nous trouvons que ça nous fait plus de profit qu'une contredanse ou les chevaux de bois. N'êtes-vous pas un brin de cet avis ?

Ah ! nom d'un rat ! c'est aujourd'hui que j'en aurais une chronique... à vous débobiner. Tout bouge à la Croix-Rousse, tout danse, tout saute..., un va-et-vient, une animation, dont on n'a pas d'idée.

Jamais on n'avait vu tant de baraques, de chevaux de bois, de bugnes, de faïence, de mirlitons, de charlatans, etc., etc... Trois orgues de Barbarie, un cirque, six musées, une oie qui a plus d'aime que le monde, deux grosses caisses, une femme à trois jambes, un géant qui a sept pieds... Enfin quoi, si Thiers ou Gambetta avaient eu seulement l'idée de débarquer à la *Ficelle*, la comédie serait complète.

Mais je me perds sottement dans cette vogue. Je voulais aujourd'hui vous conter tout bellement une histoire vraie qui vous fera plaisir.

Il y avait donc une fois, à la Croix-Rousse, un homme et une femme, mariés, s'il vous plaît, et à l'église encore, qui japillaient souvent politique, par la raison bien simple qu'ils n'avaient pas d'enfants. Manière d'occuper ses loisirs, vous comprenez ?

Ce n'était pas de frime, allez, et pour preuve, c'est qu'ils donnaient leurs écus pour les détenus politiques avec une générosité qui allait à la dévotion.

Mais voilà qu'un beau jour, ou plutôt une belle nuit, le mari fut pincé dans une affaire de club ou de société secrète, je ne sais trop quoi... laquelle affaire se termina

par un jugement assez raide pour notre cher ami des
détenus politiques : trois mois de prévention, six mois de
détention après, et comme il avait quelques sous d'économie, plusieurs mille francs d'amende.

Encore une fois, c'était raide : « Mais bah ! se disait-il,
dans notre clan on a des frères et amis qui ne vous
oublient pas. Et voyez donc quelle heureuse pensée j'ai
eue de me dévouer *spécialement* aux détenus politiques !!! »...

Pendant la prévention, il attendit. Rien. Le jugement
lui donna espoir. Il y avait eu avocat républicain, foule
sympathique, applaudissements. On pensait donc à lui.

Six mois de détention, c'est bien long ; mais on allait
le visiter attenant. Il attendit six mois. Rien.

Pour ses mille francs, il espéra un dédommagement.
Rien.

« Comment ! vous réclamez, lui dit-on, et vous n'avez
pas d'enfant ? »

Et il jura, mais un peu tard !...

LE JOURNAL A UN SOU

29 septembre 1874.

Puisque vous venez me relancer jusque sur ma banquette, où je recommençais à vivre tranquille, pour me
rejeter en politique, j'en profiterai pour vous adresser de
grands reproches.

Pourquoi, voyons, avez-vous laissé tomber votre petit
Télégraphe à un sou ? Est-ce qu'on ignore, en rue Condé,

qu'une feuille catholique à bon marché est nécessaire à Lyon, et qu'à travers les quatre-vingt mille ouvriers de notre ville, il s'en trouve encore pas mal qui ont gardé leur baptême et qui voudraient bien ne pas attraper le boccon politique de nos révolutionnaires à cinq centimes ?

Où voulez-vous, je le demande, qu'un pauvre canut tant soit peu chrétien aille chercher les nouvelles ?

Est-ce dans le *Petit Lyonnais*, le moniteur du Gambetta, ou dans *Lyon Journal* qui prend Bonaparte pour un brave homme ?

Dans le *Salut Public*, qui tue le bon sens à petit feu, ou dans le *Courrier*, devenu libéral, sans savoir ni pourquoi, ni surtout comment ?

Dans le *Frondeur*, qui a les doigts sales, ou dans le *Petit Journal* qui parle pour ne rien dire ?

Dans l'*Echo* qui est trop long, ou dans l'*Indépendant*, qui ne l'est pas du tout ?

Dans votre *Télégraphe* qui ne se vend pas sur la voie publique, ou dans la *Décentralisation*, qui se vend trop... cher !

Ces deux dernières feuilles sont les seules, avec l'*Echo* qui soient franchement, hardiment catholiques. Peuvent-elles faire notre bataille et lutter contre la libre-pensée et les petits finauds de l'Empire ?

Non, mille fois non, et il nous faut un journal catholique à *un sou*, coûte que coûte !

Vous allez me dire, sans doute, que les conservateurs, même les catholiques, vous ont abandonné, critiqué, combattu. Je le sais, et je les connais. En style de chez nous, on les appellerait *panosses*. Il y a des gens ineffables, vraiment ! On les voit se réunir pour combattre le mal, et il semble d'abord qu'ils vont se jeter dans la mêlée comme un seul homme. Puis, pas du tout : chacun ren-

gaine son courage, en vous disant par manière d'excuse :
« Moi, je trouve qu'on fait trop de politique ; — moi, je
crois qu'on est trop légitimiste ; — moi, je n'aime pas
qu'on cite Veuillot ; — moi, je voudrais les articles plus
courts ; — moi, je tiens à avoir les nouvelles plus fraîches ;
— moi, il me semble qu'il ne faut pas tant s'afficher
catholiques ; — moi, j'aimerais en feuilleton la vie des
saints, etc., etc... »

Et sur ce, on trouve le journal détestable et on porte
son abonnement au *Salut* ou bien son sou au *Petit
Lyonnais.*

Braves gens, va ! Vous en ferez de la besogne si ça
continue. A peu près autant que certains moblots que j'ai
connus aux Pierres-Plantées.

« Moi, disaient-ils au commencement de la guerre,
moi, me battre pour Badinguet !... »

Et une fois Badinguet à bas :

« Moi, partir? Et les curés donc ! Après eux, s'il en
reste !... »

Aussi ils en ont abattu du travail. Et voilà ce que nous
faisons, nous, le grand parti de l'ordre, nous les catholiques *militants.*

Vous voyez donc en fin de compte que les reproches
ne sont pas pour vous seulement, mais que chacun en a
sa part.

Et en attendant, l'ouvrier chrétien pâtit, ne sait à qui
croire... parce qu'il n'y a pas un journal à *un sou* pour
lui dire la vérité.

PROFESSION DE FOI DU TISSEUR

4 novembre 1875.

Bravo ! mon ami, et laisse-moi te serrer la main avec les deux miennes de toute la force de mon cœur.

Vrai ! tu ne pouvais m'annoncer une meilleure nouvelle et me faire un plus grand plaisir.

Un petit journal à un sou, honnête et chrétien, pas hypocrite ni bavard, ni grivois ni filandreux, brave et loyal, ne vendant pas de l'arsenic pour de la farine, ni du vitriol pour de l'arquebuse, gagnant tout petitement sa vie... sans faire tort à personne, voilà mon affaire ; voilà ce qu'il faut à nos braves gens de canuts.

Car, vois-tu, je les aime tout plein mes pauvres camarades, et tu ne saurais jamais comprendre le mauvais sang que je me fais de les voir s'abimer le corps dans les guinguettes et l'âme dans le *Petit Lyonnais*.

Des moments qu'il y a, ça vous fait pitié ; et quand ils parlent politique ou religion, on dirait franc qu'ils ont bu un coup.

Aujourd'hui surtout que tout le monde manie la parole, il pleut quasiment autant de bêtises que de l'eau du ciel.

Ah ! mon pauvre vieux, si nous voulons redresser tous ces bataillons, il y aura de l'ouvrage... Tu n'as pas peur, toi, parce que tu es venu au monde avec une plume sur le bout des doigts. Mais Baptiste n'a pas eu cette chance, et il ne connait pas assez les finasseries parlementaires.

Il va tout droit, lui, ne porte jamais binocle ni gants musqués, regarde en face, tape d'ici, de là, c'est vrai, mais à coup de gros bon sens, au risque de n'être plus compris.

Enfin, quand même ! si ma plume d'oie peut te rendre service et grabotter honnètement la rate aux mamis des Pierres-Plantées, tope là, et avant ! Je suis ton homme.

Voilà d'ailleurs les veillées qui s'allongent; on en pourra couper un bout pour te gribouiller quelques histoires du Plateau : et si elles t'endorment, ce ne sera pas étonnant, parce que je les prendrai sur mon sommeil.

Quant à ceux maintenant qui te demanderont qui je suis, tu leur diras d'abord :

Que je prétends être catholique. . . . tout d'un bloc, sans phrases, sans explications ni manigances quelconques. Je le serai jusqu'au cimetière inclusivement et au delà ! ! !

Que je déteste les pillerauds, petits et grands, les marchands de paroles, les faiseurs d'embarras, et généralement... tous ceux qui grimpent sur la banquette du gouvernement sans savoir le métier ;

Qu'en fait de politique j'aime bien les papas et les mamans qui gouvernent bien leur ménage, et les mioches qui se laissent bien gouverner ;

Tu leur diras encore que j'en suis pour la liberté, l'égalité et la fraternité ;

Pas tant sur les affiches et un peu plus dans le cœur;

La liberté de bien faire, l'égalité devant la loi... de Dieu surtout, et la fraternité par laquelle j'aime Nicolas comme Baptiste, pour l'amour de Dieu ;

Mais pas du tout la liberté qui emprisonne les otages, l'égalité qui pille les couvents, et la fraternité à coups de fusil ;

Tu leur diras, enfin, que je ne serai jamais candidat aux élections — vu que je ne m'en sens pas l'étoffe — ni pour l'Assemblée, ni pour toute espèce de conseils, ni même pour les prud'hommes ;

Et que je ne suis pas à la hauteur de mon siècle, vu que

je paye ric-rac mon boucher, mon boulanger et mon tailleur, et que je n'ai pas encore'fait faillite pour payer la dot
de mes fillettes.

Si malgré cette enfilade de petits défauts, les lecteurs
veulent bien lire de temps en temps mes pattes de mouche, je te permets de grand cœur de les coucher en lettres
d'imprimerie sur ton petit *Télégraphe* à un sou.

Et maintenant courage ! mon chèr Paul Tick, fais voir
aux Croix-Roussiens que, sans être rouge, tu as du sang
dans les veines. Du nerf ! des poignets ! du cœur !

La bourgeoise t'approuve des deux mains et si tu montes
en rue du Mail, elle te fera griller un cent de marrons...

Sans oublier une bouteille de Seyssel avec laquelle je
t'embrasse.

JACQUES PILON

4 novembre 1872.

Voyez-vous, ces épiciers n'en font pas d'autres !

Toujours des trucs nouveaux pour attirer la pratique.
Mais celui-là, par exemple, je vous le donne en cent.

..... Donc, le premier marchand de fromages venu s'en
va trouver un certain Jacques du *Petit Lyonnais* ; celui-ci,
moyennant un sou par jour, lui envoie franco trois quarterons de ses *fricotages*, et puis, voyez la ruse : l'épicier
vend au poids, sous forme d'emballage, un papier qui ne
lui coûte rien ; l'acheteur revient facilement, sûr qu'il est
d'avoir son *Petit Lyonnais* par-dessus le marché ; et, de son
côté, Jacques est content parce qu'on le lit.

Qu'on se le dise.

C'est donc avec une livre de poivre que j'ai reçu tout à l'heure la feuille du citoyen Jacques Pilon, et, chose singulière, ce sera sans doute à ce nouveau mode de colportage que je devrai la chance d'avoir découvert une vraie perle de politesse et de littérature.

M. Jacques Pilon m'attaque : faisons vite une croix à la cheminée.

Mais M. Jacques Pilon m'appelle *carlin*, il m'appelle *cuisinier...*, il finit même par dire que je suis « un bon père de famille... et qu'il y a infiniment d'esprit dans ma *cambuse* ! »

Merci des sobriquets, mon petit Pilon, mais, après avoir lu votre tartine, je vous refuse le droit de dire que j'ai de l'esprit, mon petit Pilon.

Ah ! ça vous embête que je me sois « mis en tête de défendre les travailleurs ? » Bien fâché, vraiment, et je vous demande pardon... d'avoir manqué à vos principes.

Vous faites la grimace parce que j'ai voulu séparer deux pauvres diables qui allaient se battre ; parce que j'ai dit à l'un : Partage ton gain avec l'ouvrier, et à l'autre : Travaille au lieu de courir les clubs et de traîner la *grolle* ? Parbleu ! je crois bien, mon Jacques ; si les ouvriers et les patrons s'accordaient, il vous faudrait fermer boutique. Plus de grèves, plus de quêtes, plus d'affiches, plus de grosse caisse ! C'est à en mourir de désespoir.

Quand je frotte les oreilles à Lichard, ça vous chatouille, hein ! Quand je pince les mollets à M. Grassouillet, ça vous pique ? Est-il gentil ce petit Pilon ! Pas méchant, ce pauvre mimi, mais là, pas du tout.

Jean Lichard, mon vieux, as pas peur ! Tu peux chipper les lapins, *licher* l'absinthe et laisser ta mère crever de faim, va ; pourvu que tu n'ailles pas à confesse, Jacques te *donnera l'absolution...* non pas tous les samedis, comme aux vertueux chrétiens, mais tous les jours, à sept heures du matin.

Consolez-vous, Grassouillets passés, présents et futurs: continuez votre train-train... et si le *Télégraphe* ne vous *lèche pas la patte,* — que ce Pilon parle donc bien ! — le *Petit Lyonnais* y passera l'éponge de frère Jacques.

Quant à vous, *vertueux chrétiens, bons pères de famille,* qui ne savez ni prendre les lapins de la mère Bibost, ni décrocher une poularde à la marchande d'herbes, ni sucer les canards du *Petit Lyonnais*, ni... tout le reste, vous êtes tout uniment de *pauvres carlins,* — ce n'est pas moi qui le dis, c'est le Pilon, — vous êtes des *carlins habitués à vivre de l'aumône.*

Ah ! tandis que j'y pense, dites donc, monsieur Jacques, devinez donc, vous qui devinez à peu près tout ce que vous dites, devinez donc qui vient de voter une seconde fois 15,000 fr. de culottes pour les écoles laïques, et puis, devinez donc encore... qui les paiera... et qui en profitera?

Voyons, mon Jacques, pas de modestie, s'il vous plait... Une, deux !... Ah ! ne jetez pas votre langue aux chiens ; car, moi, tout carlin que je suis, je n'en voudrais pas. Allons ? Y êtes-vous ? pas encore ?

Eh bien ! puisque vous dites que j'ai de l'esprit, je vais deviner :

Ce sont *vos amis* du conseil soi-disant municipal qui ont voté, c'est la bourse des autres qui paiera, et ce sont vos lecteurs qui en profiteront, *ces ingrats qui préfèrent vivre de travail et de privations, que d'hypocrisies et de bassesses.*

Et nous, *pauvres carlins, nous nous lècherons la patte. Pas de chance ! les petits aboyeurs !* En effet, comme vous dites. Et même tenez encore : voulez-vous savoir qui tendent le plus souvent *la patte* à la porte des sacristies ?

Encore vos amis, mon Jacques, et il y a plus d'un gros sou de mon curé qui ont passé dans la poche... du fils de votre père, en passant d'abord par le *Petit Lyonnais*.

Quand je vous disais : toujours de la chance ! Cela dit, je rentre dans mon *chenil*, comme vous dites, cher Pilon, et m'y trouve aussi bien... que vous à l'Hôtel-de-Ville.

En terminant, je vous prie, et au besoin vous requiers de... ne pas insérer ma réponse dans votre prochain numéro.

BALS POUR LES PAUVRES

15 mars 1874.

Il paraît que décidément on ne sait plus donner cinq sous aux pauvres sans danser au moins une demi-douzaine de rigodons. Nous a-t-on assez rebattu les oreilles avec tout ce tapage de fêtes de charité, de bals de bienfaisance et de comédies au profit des pauvres ? Au fond, je comprends, c'est une nouvelle manière d'appliquer le proverbe que charité bien ordonnée commence par soi-même ; on trouve là une occasion de s'amuser, et on s'amuse.

Ah ! très bien ! et c'est tout à fait drôle de voir les gambades qu'on a données, sous prétexte de faire marcher le commerce. Hier encore des journaux nous contaient comme quoi les commerçants de Paris ont manigancé un bal de 125.000 francs, et comme quoi on a fait sauter de la musique, des fusées, du champagne, des poupées, etc., jusqu'à six heures du matin, pour la plus grande gloire... des travailleurs, bien entendu !

Il paraît même qu'avant celui-là le gouvernement en

avait donné un grand — bal — un peu moins coûteux peut-être, mais dans le même but.

Et vous croyez bravement, espèce de farceurs, que les ouvriers vous admirent et vous en savent gré ? Et vous vous imaginez, avec des quêtes pour les pauvres, annoncées à coups de trombonne dans tous les journaux, légitimer aux yeux des indigents vos soirées de plaisir et de gala ? Et sérieusement vous vous figurez que le commerce en ira mieux ? Et c'est là votre charité ?

Eh bien ! sachez-le : à tort ou à raison ce n'est pas ainsi que parle le peuple. Si cette lettre est mise sous les yeux de certains lecteurs, ils m'accuseront d'être exagéré, étroit, rétrograde ; je n'ai qu'un mot à leur répondre : ce que je dis, je l'ai vu, je l'ai entendu.

Or, donc, les pauvres et les travailleurs sont toujours très agacés de ces fêtes brillantes où il n'y a jamais place pour eux. Et à ce point de vue, les journaux, que tout le monde lit aujourd'hui, font un mal réel en publiant ces bals et ces soirées quand même on danserait pour les pauvres !...

Ils n'y voient que le luxe, les plaisirs, les beaux carrosses, les toilettes folles qui suffiraient à entretenir un ménage, les vins fins, etc... et ils n'ont pas assez d'esprit pour y trouver la charité.

Ils se disent que, à la quête qui a produit cinq ou six mille francs, je suppose, on aurait pu ajouter les quinze ou vingt mille inutilement dépensés pour la fête.

Si la fête est officielle, c'est bien autre chose, et ils se disent encore qu'ils aimeraient mieux ne pas tant payer d'impôts, et se passer des bons du bureau de bienfaisance. Que ceux qui ne croient pas à ces murmures veuillent bien écouter sur le perron de l'hôtel de ville les réflexions des visiteurs du lendemain. Ils m'en diront des nouvelles.

Ils disent donc tout cela, et mille choses encore ; mais
surtout ils ne sauraient puiser dans ces œuvres, soi-disant
de charité, ni une parole qui console et encourage, ni des
leçons de travail, d'économie et de sobriété. Tout au
contraire ; les ouvriers apprennent là les raffineries du
bien-être, de la vie désœuvrée et des plaisirs ; les femmes
du peuple y trouvent des modèles de toilette ; et tous ces
cœurs déjà aigris par la souffrance, s'aigrissent encore par
la soif de jouissances impossibles. Et voilà donc. La
charité n'est pas seulement dans les pièces de cent sous.
La charité vraie console, encourage, corrige même, et
donne l'exemple des vertus. Il ne suffit pas de donner du
pain aux malheureux, il faut encore prendre ces peines.
En est-on là ?...

LE CORBEAU ET LE RENARD

Février 1875.

J'ai fini ma pièce et me revoilà les bras branlants pour
trois ou quatre semaines. Ah ! cristi ! ce n'est pas gai,
allez, par là en arrière de notre beau boulevard. Quant à
moi, Dieu merci ! malgré une grosse famille, on a encore
deux sous pour passer tout plan le dernier quartier de
l'hiver.

Mais il y en a tant d'autres, nom de nom ! qui crevo-
gnent dans leur trou, que ça vous serre le cœur rien que
d'y penser en mangeant sa soupe.

De vrai ! c'est bien un peu notre faute ; il me semble
toujours à moi, que ça va être comme pour les charlatans.
Voyez-vous, toutes ces révolutions et de par en-haut et de

par en-bas ne vous détrencannent rien de bon, et en fin de compte, il vous reste, comme aux benêts de la dernière vogue, une consulte et une fiole d'élixir... tournée en eau de carotte.

Te l'as voulue, mon vieux ! te la z'as.

Tout à l'heure donc, je m'amusais à feuilleter mon petit bonhomme de Jean Lafontaine, quand il m'est venu à l'idée de revauder une de ses fables pour reconsoler les mamis canezards qui, comme moi, n'ont rien à faire. Ayez pas peur, camarades, c'est une vieillerie que vous connaissez tous ; tant seulement je vais un peu la retaper à neuf.

Je commence ; écoutez bien, on ne rit qu'en sortant :

LE CORBEAU ET LE RENARD

Maitre Tisseur sur son rouleau penché
   Tenait le vivre à son ménage ;
Maitre Bavard, de Toulon relâché,
   Lui tint à peu près ce langage :
— « Hé, bonjour, monsieur Mirabeau,
Que vous avez d'esprit, que vous me semblez beau
Avec vos bras d'acier, votre barbe à l'antique,
Et votre noble front, et ce regard serein
Où brillent les éclairs de haute politique
   Du peuple souverain.
Se peut-il, dites-moi, citoyen, qu'on oublie
Au fond des galetas les hommes de génie,
   Et qu'on nous f...lanque députés
     Pour gouverner la France,
Des bourgeois ramollis, des paysans crottés,

Des comtes, des barons, des marquis dans l'enfance,
Des généraux battus, des curés sans science
    Et autres nullités ?
Ah ! de vrai ! croyez-moi, citoyen, sur parole,
    Ma parole d'honneur !
Si l'ouvrier voulait, il joûrait un beau rôle
    Un rôle de sauveur !
Sans mentir, on le dit : si votre beau visage
Paraissait à nos clubs, et si votre ramage
Etait brillant, fleuri, comme votre tissage,
Vous seriez le phénix du Plateau .. et je crois
Que vous feriez la queue à ceux qui font nos lois. »
A ces mots. Mirabeau ne se sent pas de joie.
    Et pour montrer sa belle voix
Il quitte son métier, laisse dormir sa soie,
Prêche, parle, discute, et puis au cabaret
Il ouvre un large bec, boit ses économies
Avec nombreux amis et nombreuses amies
    ... Jusqu'au dernier jaunet.
Le bavard s'en payait, parbleu ! ça va sans dire,
Et grugeait tant que prou vins, café, saucissons,
    A faire peter ses boutons...
    ... Et se crevait de rire.
L'argent filait toujours, mais on en vit la fin.
« — Adieu, l'ami, lui dit alors le bon apôtre,
Te voilà rincé, mais console-toi : demain
    Je m'en vais en rincer un autre. »
    Le tisseur, honteux et confus,
N'a pas encore juré qu'on ne l'y prendrait plus.

LA TORTUE ET LES CANARDS

4 décembre 1875.

Je reçois à l'instant une lettre de reproches, vous ne devineriez jamais à propos de quoi. Il s'agit tout simplement du mot *canut* qui m'échappe de temps en temps pendant mes causeries du dimanche.

Et l'on me dit que *canut* n'est ni français, ni poli, ni de bon goût.

J'en demande pardon à mes lecteurs ouvriers en soie, mais j'affirme n'avoir jamais eu l'intention de les blesser en les appelant ainsi, et je ne me serais pas imaginé que ce nom, porté avec tant d'honneur et de fierté par nos vieux pères, pût faire rougir leurs petits-enfants. Enfin, puisqu'il le faut, laissons les *canuts* et parlons des *tisseurs*.

Je dis donc qu'il règne parmi les tisseurs trois fléaux vraiment redoutables : les enterrements, le cabaret et la politique.

Si le premier fait perdre le temps, le deuxième compromet la santé et le troisième tourne les têtes.

Et gare ! nous voici à la dissolution, c'est-à-dire à une crise politique ; gare les têtes ! gare le peuple !

Hier, je lisais une fable de La Fontaine qui m'a paru venir fort à propos. Veut-on me permettre un peu de la couper sur mesure ? En avant !

LA TORTUE ET LES CANARDS.

« Une tortue était, à la tête légère,
« Qui lasse de son trou voulut voir le pays.
« Volontiers gens boiteux haïssent le logis.
    « Deux canards, à qui la commère

« Communiqua ce beau dessein,
« Lui dirent qu'ils avaient de quoi la satisfaire. »

. . . .

Je sais une tortue, et, sans aller bien loin,
Je vous la peux montrer ; c'est la nombreuse engeance
Des badauds : ouvriers, gros bourgeois, sots ruraux,
S'imaginant loger tout l'esprit de la France
          En leurs petit cerveaux ;
          Impossible à ces imbéciles,
          A la campagne et dans les villes,
          De rester calmes dans leurs trous.
Ne sont-ils pas du bois dont on fait les édiles ?
De fait à ce métier ces gens-là sont habiles
          Comme un âne à ramer des choux.
          Humbles flatteurs de circonstance,
Des canards emplumés et de toute nuance,
Progrès, Lyon-Journal, Débats, Evénement,
Rappel, Petit-Lyonnais, Salut, Indépendant.
          Gaulois, Figaro, France,
          (Savez-vous rien le plus canard ?)
          Dont la devise est, malgré l'étendard :
          « Tout pour le bec et pour la panse »
Flairant la bonne aubaine accourent sans retard,
Se posent en docteurs de l'opinion publique,
          Et pour deux sous chaque matin
Au peuple de la gloire apprennent le chemin :
« Nous vous voiturerons en haute politique,
          « Chantent-ils d'un ton patelin.
              « Koin ! Koin ! Koin !
          « Vous fonderez la République.
« C'est de notre ballon que sire Gambetta
          « Au sommet du pouvoir sauta.
« Peuple, lève ton front ; n'obéis plus, sois homme ;

« Prends de ta rude main les rênes de l'Etat ;
« A bas les grands ! Tu les vaux bien, en somme !
« Pour eux seuls ils voudraient, comme autrefois, la pomme
« De la science ? Eh bien mords aux fruits défendus
            « Et malgré Rome
« Tes maux seront finis et les rois pourfendus. »
            Flattez, flattez, c'est la recette
            Pour attraper les gros benets.
A tous ces boniments s'abreuvant désormais
            Le peuple en a perdu la tête,
Se croit un vrai phénix et quitte sa banquette
Pour être qui docteurs, qui maires, qui préfets.
            Voyez-vous d'ici ma tortue
            Là haut dans l'air pendue
Entre le gros *Salut* et le *Petit Lyonnais ?*
Sur l'aile des romans et des phrases ronflantes
Ouvrez, ô Jupiter, vos portes triomphantes :
C'est le char de l'Etat qui roule à fond de train
            Vive le peuple souverain !!!
Mais hélas ! pour le peuple, à la première lutte
Adieu, canards ! après le fossé, la culbute.
Vingt fois depuis un siècle, au périlleux moment,
Vingt fois ils l'ont trahi. Vingt fois, horrible chute,
Les pavés de Paris ont rougi de son sang !!!
Va, pauvre peuple ! Ainsi finit la comédie !
Tu pairas toujours cher la gloire d'un instant,
Tu verras tes canards trôner dans la patrie
            Faisant commerce du cancan
Et toi, tu finiras par la ..... Calédonie.

LE RAT DE VILLE ET LE RAT DES CHAMPS.

Autrefois le rat de ville
Invita le rat des champs
D'une façon fort civile
A croquer... des ortolans.

« Laisse ta pauvre chaumière,
« Mandait-il au campagnard,
« Ton pain de seigle et ton lard,
« Ton laitage et ton eau claire ;

« Quand au soleil du progrès
« S'ouvre notre intelligence,
« Est-ce à piétiner l'engrais
« Qu'on passe son existence ?

« Trainer de pesants sabots ;
« Coucher à l'étable, traire
« Les vaches, piocher la terre,
« Au bois porter des fagots.

« Par la neige et par la pluie
« Labourer un terrain noir,
« Et du matin jusqu'au soir
« S'éreinter, est-ce une vie ?...

« Mais, pour conserver sa peau,
« Parlez-moi de la Croix-Rousse :
« Là, pour se la couler douce
« On a de tout à gogo...

« On travaille, par semaine,
« Deux ou trois jours tout au plus,
« Et l'on passe le surplus
« A se gonfler la bedaine

« Pendant qu'on boit chez Gauthier,
« La femme fait le ménage,
« Les apprentis font l'ouvrage...
« Et l'on gagne la moitié !...

« Tous les jours des côtelettes,
« Pain de miche tous les jours ;
« On a gilet de velours
« Et boutons d'or aux manchettes.

« Le dimanche on fait goguettes ;
« On danse à Valentino ;
« Le soir à l'Eldorado
« On voit la femme à deux têtes.

« Eh bien, vas-tu, gros nigaud,
« Moisir à Saint-Genis-d'Aoste ?
« Fais ton paquet, prends la poste ;
« Je t'attends !...
               « Jean RIGOLO. »

Le benêt goba la prune,
Comme bien vous le pensez,
Et, croyant faire fortune,
Il accourt à pas pressés.

Traverse la grande ville
En ouvrant de gros yeux ronds,
Et trouve à point des patrons
Au quartier Dumont-d'Urville ;

Gagna près de cent écus
En quatre ans d'apprentissage,
Mais en mangea beaucoup plus
Le jour de son mariage !...

Cinq ans après, les chagrins,
Les souffrances, la misère
Eurent épuisé la mère
Qui laissa deux orphelins.

... Fallait nourrir deux fillettes
Mais l'ouvrage allait fort mal,
Et le père à l'hôpital
Mourut sans payer ses déttes.

†††

HISTOIRE DES « SÉRIES »

A Franc-Maçonnerie, ou la peste moderne, a
maintes fois changé de nom, mais n'a jamais
changé de programme : Prendre ce que le
Christ a apporté de plus beau sur la terre, la
Liberté, la Fraternité, la Bienfaisance ; en habiller ses
dogmes ; en badigeonner ses temples et ses actes ;
s'en couvrir en un mot, comme d'un vêtement d'in-
nocence, pour rassurer les âmes honnêtes, et les enrôler sans qu'elles s'en doutent dans son œuvre de
ténèbres. Juive d'origine et de caractère, elle connait au
suprème degré l'art sémitique de s'infiltrer partout et il
est bien peu de sociétés, d'associations, de syndicats,
créés dans le principe pour le seul bien de l'ouvrier, qui
ne soient devenus peu à peu, sous sa satanique influence,
des foyers de conspiration religieuse ou sociale. L'*Histoire
des Séries* fera ressortir une fois de plus cette expérience
hélas! déjà tant de fois répétée au dépens de la cause
ouvrière ; elle montrera en même temps jusqu'à quel point
le véritable amour des ouvriers rendait clairvoyante la
sollicitude de M. Déflotrière.

LES SÉRIES DES TISSEURS ET L'INTERNATIONALE

10 octobre 1872.

Comme les journaux ont mille moyens d'être renseignés, je viens vous prier tout simplement de m'éclairer sur une question qui me paraît grave.

Je suis un veloutier de la Croix-Rousse, Monsieur, et, malgré le courant du jour, catholique sincère ; car, après tout, j'aime mieux *tremper ma main dans l'eau bénite*, comme dit mon *rondier*, que la mettre dans la poche d'autrui.

Or, voici la chose :

J'appartiens aux *séries* formées par les tisseurs. Ces séries ont pour but immédiat, dit-on, de soutenir les tarifs et, plus tard, de venir en aide aux ouvriers nécessiteux. Rien de mieux.

Pour cela, nous versons chaque semaine un sou par métier entre les mains d'un chef de vingtaine, etc.

Inutile de vous prouver que ce sou produit des sommes et que ces sommes grossissent par le placement.

Il y a à Lyon 700 caisses particulières, autant que de séries ; mais il y a aussi une administration centrale qui absorbe le dixième pour frais de bureaux, et qui, pour soutenir des grèves ou des interdits, a le droit de faire des appels de fonds aussi répétés qu'elle le jugera à propos.

D'autre part, il existe à Lyon — et ailleurs — une autre société qui a nom Internationale.

D'après ce que j'ai lu dans le *Petit Lyonnais*, d'après ce que j'ai entendu dire, de là, cette Internationale voudrait :

1º Dissoudre les gouvernements ;

2° Fermer nos églises ;

3° Envoyer mon curé à Chaillot ;

4° Assommer le frère qui instruit mon moutard.

Et bien d'autres gentillesses.

Bref, on vient, tout à l'heure, me dire que nos séries sont liées à l'Internationale. Oh ! pour le coup, c'est trop fort ; je n'en puis rien croire, mais ne suis pas sans inquiétude, s'il est vrai, comme on l'assure, que notre administration centrale est composée d'*internationaux*.

Vous comprenez, Monsieur, je suis des séries, nous en sommes tous ou à peu près, et je suis catholique et nous le sommes en grand nombre.

Je veux le maintien des tarifs, certes, je crois bien, et j'aurai encore assez de peine à donner du pain à mon monde, mais je n'ai nulle envie de fournir des rubans rouges à Mademoiselle Bonnevial, ou de payer des banquets aux bavards... qui ne veulent plus tirer le bouton.

Si vous aimez l'ouvrier, Monsieur, parlez un peu, je vous prie, de cette petite affaire. Sommes-nous de l'Internationale par nos séries, oui ou non ? Si non, tant mieux ! si oui, faudra voir.

Pardon, Monsieur, de la peine que je vous donne. .

LES SÉRIES DE L'INTERNATIONALE

27 novembre 1872.

Plusieurs fois, j'ai demandé ici même dans votre journal, aux écrivains du *Petit Lyonnais*, nos amis, dit-on, des ouvriers faux-teint, dirai-je plutôt, des renseignements au sujet des *séries* ouvrières ; et toujours pas de réponse.

Libre à ces citoyens d'imiter leur grand patron Favier, qui ne se souvient jamais de rien quand il arrive au Palais-de-Justice; mais ce silence ne fait pas du tout mon affaire... quand même il ferait la leur.

Se taire, de la part des gens qui affichent de partout leur franchise, leur courage et leur préférence pour les situations nettement définies, qui aiment la lumière et le grand jour ;

Se taire, quand il s'agit d'une question aussi vitale, aussi importante ;

Se taire, sur cette question, quand on revendique pour sa plume le monopole de la fraternité pour la classe ouvrière ;

Vous avouerez qu'il y a là quelque chose de suspect ; et quand je me demande pourquoi tous les Pilons, même les plus bavards, gardent le silence lorsqu'il y aurait tant de quoi parler... Je me dis qu'ils doivent être gênés de quelque manière.

En effet, ou les séries sont reliées à l'Internationale, ou non;

Si oui, brrr !... on a peur, vous comprenez : ce serait dénoncer publiquement une association illégale, nombreuse, travaillant en plein soleil, en face d'une autorité qui doit faire respecter la loi : ce serait, de plus, éloigner de la société, non seulement les bons catholiques, mais encore une foule de tisseurs simplement honnêtes, qui n'ont pas encore oublié les gentillesses de la Commune de Paris.

Si non..., vraiment je ne vois pas pourquoi... Mais le *si non* n'est guère probable : j'ai sur ce point des nouvelles toutes fraiches.

Un mien ami fait partie d'une certaine société catholique de patrons, fondée à Lyon depuis quelques mois.

6*

Or, il paraît que là on s'occupe un peu sérieusement des intérêts de l'ouvrier, ce qui fait baver le *Petit Lyonnais* de jalousie.

On a donc discuté longuement et franchement la question des séries, et, chose singulière, plus on voulait tirer l'affaire au clair, plus ça devenait trouble.

On a observé d'abord que presque toutes les fonctions importantes des séries sont occupées par des géns connus pour *internationaux ;*

Et puis, que le comité central, rue Saint-Claude, 2, est peu accueillant pour certaines personnes et fort intolérant pour certaines opinions. Des ouvriers, — je le sais pour le sûr, — ayant été assez naïfs pour croire à la sainte Egalité devant les séries, et s'étant présentés rue Saint-Claude comme catholiques, ont été éconduits... j'allais dire poliment ;

On a observé de plus que plusieurs tentatives ont été faites dans les réunions, pour envoyer de l'argent à Garibaldi, de glorieuse mémoire, aux écoles libres penseuses et aux pensionnaires des pontons ;

Que des envois sont faits pour soutenir les grèves, non pas des tisseurs lyonnais, mais aussi de tous les corps d'état de France et même de l'étranger ;

Que l'appel de fonds de 10 o/o renouvelé à la volonté du bureau central, est un danger réel pour les caisses ; car cet appel répété dix fois coup sur coup, dans un moment de crise, emporterait tout le saint frusquain des pauvres canezards ;

Que les plieurs associés refusent, au nom de la sainte Liberté, de plier pour les tisseurs dont le rouleau n'est pas marqué au timbre des séries ;

Voire même que, au nom de la sainte Fraternité, on injurie, on menace, on *interdit* l'ouvrier qui ne veut pas s'affilier ;

Et enfin que, pour toutes ces raisons et d'autres encore peut-être, les ouvriers des campagnes, et spécialement du Dauphiné, avaient envoyé paitre les séries.

Voilà ce qu'on a découvert, non pas en pénétrant dans l'enceinte de la grande synagogue des meneurs ; mais en écoutant aux portes, en apinchant par les fentes : car les tisseurs catholiques ne peuvent voir ce qui se passe dedans que par ce petit trou ; tout le reste leur est fermé ric-rac.

Si ce que je viens de dire n'est pas exact, qu'on me contredise... et je n'en ai pas peur.

Mais alors, vous comprenez, il ne faut pas rester le cotivet dans le traquenard. Et que diable ? nous voulons bien être amis pour soutenir nos tarifs, mais nous ne voulons pas mettre nos quelques sous dans la poche de ceux qui crient *couac !* à nos moutards et nous appellent : *cafards, cagots, bigots, pieds-plats...*

Et si le *Petit Lyonnais*, auquel j'emprunte ces jolis mots, veut se faire payer des gigots à l'ail tous les vendredis, envoyer des pattes à cautère à Garibaldi, fondre des balles pour une nouvelle Commune, est-ce que ça me regarde, moi ? Est-ce que je serai assez niguedouille pour y mettre les pouces ?

Leurs menaces ? leurs interdits ? me faire peur ? nom de nom ! Est-ce que je ne suis pas Français, et ouvrier, et catholique !... Allons donc ! grands benonis que nous sommes, pattes mouillées, va ; plus on se fait mouton, plus on est mangé... et c'est bien fait.

Nous ne savons donc rien dire, rien faire.., rien essayer ?...

Moi, je vote pour que le comité catholique fasse des séries et de bonnes, et hardi donc ! je m'en mets tout de suite.

Les autres font leurs affaires, faisons les nôtres.

ORGANISATION DES SÉRIES

28 novembre 1872.

Je tiens à expliquer encore un peu ma lettre d'hier; d'ailleurs, j'ai bien le temps de babiller, pas un pouce d'ouvrage, et qui sait combien cela va durer !

Je disais donc que les « meneurs » de la classe ouvrière, aussi bien que ses journaux les plus choyés, s'éloignant de plus en plus de tous principes religieux, blasphémant sans cesse nos croyances catholiques, insultant de jour en jour avec plus d'effronterie nos enfants dans la rue, nos femmes au marché, et nous-mêmes dans les réunions, il fallait à tout prix empoigner la queue de notre casserole sous peine de crever de faim au premier moment.

En un mot faire nos affaires en organisant des *séries* à nous.

J'y reviens aujourd'hui, et le demande avec plus d'instance que jamais. Toutefois, expliquons-nous :

Les séries aujourd'hui organisées ont un but excellent et avoué, celui de soutenir les droits de l'ouvrier ; et un autre but moins avouable, celui d'appuyer les appétits révolutionnaires de certains mamis qu'on connait.

Encore une fois, si ce que j'avance là n'est pas vrai, qu'on me contredise, je ne demande pas mieux.

Or, il est clair que, tout en répudiant les mauvaises tendances de ces séries, tout en refusant nos gros sous aux communards de l'avenir, nous devons ne pas entraver les efforts qui peuvent rendre le travail plus avantageux.

Donc il faut, de notre côté, soutenir les tarifs, et même quand notre conscience n'aura aucun sacrifice à faire, de

concert avec ceux dont nous nous séparons aujourd'hui.
Par conséquent, à mon avis, organisons nos séries, non
pas contre les autres, mais à côté des autres ; en sorte
que tout à la fois nous puissions défendre, comme devant,
nos droits vis-à-vis des fabricants, et que de plus nous ne
soyons jamais exposés à voir notre argent mal employé.

Voilà mon idée. Elle est pratique ? Je l'espère ; mais je
laisse au comité qui a eu la première pensée de la chose, le
soin de l'examiner et de la mener à bonne fin. Certes, il ne
manque pas parmi nous d'ouvriers intelligents et résolus ;
eh bien ! qu'ils parlent, qu'ils agissent, qu'ils se remuent
donc un peu : faudra-t-il toujours nous laisser conduire
par le bout du nez ?... et nous en rapporter aveuglément
à des bavards que nous ne connaissons pas?

Dans tout ceci, il y a, ce me semble, un oubli incroyable
de la part des journaux. On réclame l'ordre à grands
cris, on veut la paix et même le bonheur des classes
pauvres, et on laisse complètement de côté une question
que les rouges exploitent depuis longtemps à leur profit,
et qui, demain, peut mettre le feu aux quatre coins de
la République.

Et puis on se plaint de la turbulence de la Croix-Rousse,
on hurle contre les élections radicales, on invoque quelque
grand sabre pour mettre ces foules à la raison...

Mais cherchez donc d'abord à empêcher ce peuple
d'être trompé ; intéressez-vous à lui, instruisez-le, faites-
lui voir clair dans les questions de salaire ; expliquez-lui
un peu la science de l'industrie, donnez-lui des moyens
honnêtes de faire valoir son droit, et de nourrir sa famille...

Ou sinon, entendez-le bien, les ouvriers se donneront
au premier charlatan venu, qui leur promettra la guérison de tous leurs maux...

Et de fait, si aujourd'hui ils sont embobinés, embriga
dés, entortillés ; s'ils ont foi, mais une foi délirante, en
la médecine du *Petit Lyonnais*, c'est qu'ils peuvent se
faire ce raisonnement très simple :

« Il n'y a que lui qui pense à nous. »

Et, cristi! n'est-ce pas un peu vrai?

Au lieu de tant faire d'esprit sur les mijaurées des
théâtres, de nous détailler la mode de toutes les poutrônes
de Paris, ne ferait-on pas mieux de nous apprendre à
manger du pain honnêtement gagné?

Journaux conservateurs, est-ce ça que vous voulez
conserver : vos théâtres, vos folies, vos dévergondages,
vos chignons et vos froufrous? Nous n'avons que faire
de toutes ces mascarades débraillées; évidemment ce
n'est pas pour nous que vous écrivez, et si un jour nous
faisons des bêtises, vous ne pourrez pas dire que nous
avons oublié vos leçons.

Mais si — ce que je souhaite — vous avez tant soit
peu souci du bon ordre, de notre bonheur et de notre
tranquillité, si vous voulez éviter une crise sociale, mon-
trez-nous que nous avons affaire à des comédiens qui
nous trompent, que leurs médicaments ne sont que de la
drogue; apprenez aux fabricants à être raisonnables;
donnez-nous les moyens d'être payés de notre travail
sans ruiner les maisons de commerce, sans favoriser les
fainéants et sans payer des révolutions.

En terminant, monsieur le rédacteur, je tiens à vous
dire que ces reproches ne sont pas pour nous. Le *Télégraphe* a pris à cœur nos véritables intérêts, nous le savons, et nous sommes heureux de vous serrer affectueu-
sement la main.

LE RÉGIME DES SÉRIES

10 décembre 1872.

Permettez-moi de vous donner une idée du régime auquel nous sommes soumis, en vous racontant un fait digne des gens qui sont à la tête des séries.

Autrefois, presque tous les épiciers, bouchers et boulangers avaient à leurs portes une grille, où chaque patron, moyennant cinq centimes, avait le droit d'afficher les métiers qu'ils avaient à prendre. Les ouvriers consultaient ces grilles, allaient voir les métiers indiqués, et dès qu'ils en avaient trouvé un qui leur convenait, ils remettaient leur livret aux patrons comme garantie de leur solvabilité.

Aujourd'hui, cela se passe bien autrement. Ces fameux prêcheurs de liberté ont trouvé le moyen de faire disparaître ces grilles à l'aide de menaces vis-à-vis des propriétaires de ce genre de publicité, et maintenant il est impossible d'avoir un ouvrier si l'on ne va pas le chercher au bureau de la place de la Croix-Rousse, où, naturellement, il est inutile de se présenter si l'on n'est pas muni du livret des séries. Maintenant, je ne vous parle pas de quels ouvriers ces meneurs vous gratifient.

Pour ce qu'ils appellent la fraternité, le voici : Quand un ouvrier va se présenter pour avoir de l'ouvrage, il doit avoir acquitté le prix de son abonnement aux séries. S'il n'en est pas, il doit payer tout le temps écoulé depuis le commencement de l'année.

Ainsi, un homme qui sortait de l'hôpital, sans ouvrage et sans argent, va au bureau pour solliciter l'adresse d'un métier à prendre; après lui avoir demandé un somme dépassant deux francs, qu'il ne peut donner, ils ont eu le cœur de le renvoyer en lui disant qu'ils ne pouvaient pas sortir de leur règlement, et cependant il leur promettait de les payer quelques jours après.

Je vous laisse juger maintenant, si une nouvelle organisation où l'on y trouverait la liberté du travail, une entente et une fraternité sincères, en un mot, une solidarité complète en agissant les uns pour les autres, ne serait pas le plus grand bienfait que l'on pourrait rendre à l'humanité, puisqu'elle aurait pour but d'unir la classe laborieuse à la classe aisée, en lui offrant une sécurité complète qui assurerait le bien-être des deux.

Je vous salue bien sincèrement.

P. S. — L'argent des séries est donné pour aider l'ouvrier dans les temps de chômage et pour assurer leur existence en temps de grève. L'administration des séries ne donne jamais de compte rendu de ses frais. Je serais curieux de savoir combien d'ouvriers sont secourus en ce moment où l'ouvrage manque presque partout?

LES COMMISSIONNAIRES DES SÉRIES

21 décembre 1872.

Ils sont allés trois — apôtres soi-disant de la liberté — faire peur à de pauvres filles.

Vous comprenez sans peine qu'il s'agit ici des commissionnaires de la rue Saint-Claude, des marchands de rouleaux timbrés, des employés du bureau de l'esclavage des tisseurs.

Ils étaient donc trois godelureaux, choisis parmi les renards du métier, car l'atelier qu'on allait prendre d'assaut était composé de ce que celui qui fut Pilon appelait bigotes, quand il se trouvait en verve de politesse: deux jeunes ouvrières et une maîtresse âgée et infirme.

On ne tire pas ce gibier-là de but en blanc, ça va sans dire ; aussi bien on a pris ses précautions, et on a fait la patte douce comme une vraie chatte-mitte.

Écoutez-moi cet amour de dialogue :

« Ma petite dame, nous venons vous offrir un livret ainsi qu'à vos gentilles demoiselles ; voyez comme il est mignon, ce précieux carnet ; et puis ce joli timbre rose comme il ira bien sur vos deux rouleaux.

— Mais, monsieur, à quoi bon ce timbre et ce livret ? nos métiers ne sont pas dérangés, je vous l'assure ; je ne vois pas vraiment...

— Vous ne voyez pas ? Mais c'est votre intérêt qui est en jeu. Il ne s'agit pas de vos métiers, entendons-nous, il est question de soutenir nos tarifs et de mener un peu dru nos grippe-sous de négociants.

— Pardon, monsieur, je n'avais pas compris. Mais alors vous voulez parler des séries ? En ce cas, je ferai observer que mon négociant me donnant deux sous de plus que le tarif, et depuis bien avant le tarif, je m'exposerais à perdre cet avantage...

— C'est heureux pour vous, madame; mais songez donc qu'il y a tant d'autres ouvriers qui sont refaits par leurs fabricants... Et puis les autres artisans, les travailleurs de tous les pays, ne sont-ils pas nos frères ? Ne devons-nous pas leur tendre la main ?...

— Oh ! doucement, monsieur, s'il faut qu'une pauvre canetière, comme moi, aille soutenir toutes les grèves de l'univers, vous comprenez ?...

— Et la solidarité, madame ?

— Mais la solidarité consiste donc à lâcher son argent à l'aveuglette ? à brûler la chandelle par les deux bouts ? à gorger un tas de pédants qui trouvent plus facile de courater de maison en maison, de japiller à côté d'une bouteille, de barbouiller bêtement un journal, que de tirer le bouton ?

— Mais, comment cela ?

— Comment cela ? Pardine ! ce n'est pas tant malin. Vous envoyez un sac de jaunets aux chapeliers d'Aix; savez-vous seulement ce qui s'y passe, et à quelle sauce ils mangeront vos épargnes ?

Vous payez des chapons rôtis aux mineurs de Saint-Etienne, ça vous empêchera-t-il de payer le charbon quasiment un tiers de plus ?

Vous garnissez le boursicot d'un Polosse quelconque pour qu'il arrête les peluches de Tarare; êtes-vous bien sûr que le gone n'aime pas mieux faire aller sa langue pour vivre que son battant ?

Et si vos sacs d'écus lui servent de courte-échelle pour arriver adjoint de ladite ville, pensez-vous qu'il vous les remboursera sur les fonds de sa commune ?

— Oh ! par exemple !...

— Allons, par exemple ! voyons, braves gens, pas de finasseries ! avouez que ce commerce-là est une bêtise.

— Une bêtise ?...

— Oui, une bêtise ! parce que vous y allez en aveugles et que, le plus souvent, vous êtes floués; parce que vous vous exposez à payer les coups de tête du premier drôle venu, et à les payer deux fois; parce que ces grèves profitent tout juste au commerçant pour augmenter sa marchandise, aux meneurs pour arriver députés, aux renards flagorneurs et babillards pour manger votre fromage.

— Oh ! oh ! la petite dame, comme elle a le bec pointu !

— Messieurs, c'est comme ça. Si je déraisonne, prouvez-le.

— Eh bien, oui ! vous déraisonnez. C'est sans doute quelque clérical qui vous a passé après. Ces gens-là ont peur que l'ouvrier mange du pain, et ils défendent le bourgeois pour qu'il leur paye de bons diners.

— Messieurs, sur cette question, je n'ai nul besoin d'un conseil clérical, et je prétends être ouvrière et aimer l'ouvrier autant que vous. Je tiens à gagner largement ma vie ; je tiens au tarif et à ce que les négociants payent mieux et grognent moins. J'ai souvent fait le poing dans ma poche, allez...

— Mais alors, mettez-vous de nos séries.

— Vos séries, outre ce que j'en ai déjà dit, me sont suspectes. On les a accusées de tant de choses, et il aurait été si facile de répondre un mot pour calmer bien des frayeurs ; et on n'a rien répondu. Et puis quel diable de trafic faites-vous donc ? Suffit qu'on a un rouleau sans papier rose, vous empêchez à un pauvre crève-faim de se placer ? Au veloutier vous refusez des fers ? Mais voilà qui est un peu fort, et m'est avis que pour des amis de la liberté, vous...

— Ah ça ! Aurez-vous d'abord fini votre sermon, vieille jésuitesse ? Voyons ! pour la dixième fois, voulez-vous être des séries ?

— Pour la dixième fois, non ! Messieurs les malhonnêtes !...

— Eh ! bien, nous vous *interdirons* !... »

Je vous garantis cette histoire.

A PROPOS D'UN NOM PROPRE

1er juin 1874.

Je vous ai écrit le 18 mai; je craignais que vous n'eussiez pas ma lettre, je n'en aurais pas été surpris. Car, dans le tissu de ma petite histoire, il y avait un nom propre qui a dû vous gêner, vous l'avez supprimé, je le comprends; mais ne vous ai-je pas averti que j'allais parler net? Pouvais-je ne pas vous dire les choses telles qu'elles se sont passées? A vous, maintenant, d'examiner comment vous pourrez traiter la question; libre à vous de supprimer le nom propre, même le détail de la visite, si vous le voulez, peu importe; mais le bruit est sérieux, il va grossissant, on menace, et l'on ne parle de rien moins que de faire un mauvais parti aux tisseurs *cléricaux*, à la première république pour de bon qui éclatera sur nos boulevards. Voilà !

Si les meneurs de tout ce tapage ne disaient que la vérité, si vraiment les *cléricaux* étaient opposés aux tarifs et avaient fait tomber les *séries*, comme on les en accuse, je ne prendrais pas la peine d'en parler ici. Mais, je vous l'ai dit, la position qu'on nous fait aujourd'hui sur le plateau, à nous autres tisseurs catholiques, est de plus en plus intenable; nous sommes victimes d'une méchante calomnie, et je tiens à vous donner quelques explications. Vous en ferez d'ailleurs ce que bon vous semblera.

Les *séries* furent fondées je ne sais plus déjà à quelle époque précise; mais ce que je sais bien, c'est qu'elles devinrent par la suite très vexantes pour les tisseurs qui n'en faisaient pas partie. Ceux-ci ne voulant pas s'enrôler dans une association dont ils ne savaient pas le fin mot, furent menés tambour battant par les recruteurs dont ils refusaient les avances.

On leur promit de les taquiner, et on tint promesse. On accapara d'abord les plieurs et les fabricants de rouleaux, puis les fabricants de fers pour velours, puis les bureaux de renseignements pour le travail, et il devint bientôt impossible aux récalcitrants de s'outiller pour leur métier. Chez les plieurs surtout le rouleau était impitoyablement fouillé, et si l'on n'y trouvait pas le petit timbre rose des *séries*, on vous montrait la porte, ni plus ni moins.

Quelques rares plieurs voulurent passer outre; ils furent en un clin d'œil débarrassés de leur clientèle, mis à l'index et insultés en pleine rue.

Comme toujours, et avec le bon goût qui distingue les citoyens *amis* de la liberté, dans tous les ateliers timbrés, on ne hurla que contre les bigots, les cafards, les aristos et les Jésuites de la canuserie. C'est le refrain obligé, d'ailleurs.

Alors il arrive ce qui arrive toujours chez les gens qui ont besoin de travailler pour manger du pain: beaucoup d'ouvriers honnêtes se laissèrent intimider et s'affilièrent aux séries, sans bien regarder où l'on voulait ainsi les mener...

Cependant il s'éleva bientôt des soupçons sur le but final de cette association. Avait-on en vue seulement le maintien des tarifs? C'était douteux. On votait des fonds pour soutenir des grèves à Tarare et ailleurs; puis en différentes fois il avait été question dans les réunions et d'acheter des mitrailleuses à Garibaldi, et d'envoyer des secours aux pontons, et de soutenir les écoles libres penseuses. Je ne dis pas que ces motions aient été votées, mais elles ont été faites. D'autre part, on savait pour le sûr que les principaux chefs des séries étaient tous de l'Internationale, qu'ils affectaient d'être irréligieux ; et l'on se demandait où diable allaient nous mener ces gens-là... et ce qu'on ferait de notre argent.

Sur ce, à suivre, et au revoir.

QUESTIONS BRULANTES

10 juin 1874.

Enfin, vous avez imprimé ma pauvre lettre, vieille bientôt de trois semaines. Je ne vous en veux pas, vrai ! Mais, avant de continuer mes causeries sur l'association des tisseurs, j'éprouve le besoin de dire quelques mots en manière de préambule. Je rencontre, en effet, pas mal de canuts qui me font les gros yeux, en attendant qu'ils me fassent les grosses dents ; et, ma foi ! puisqu'on nous appelle voraces, je pourrais bien, un de ces quatre matins, être mangé tout cru au fond de quelque allée.

Bonnes gens ! ils s'imaginent manquablement que je suis vendu aux négociants pour faire dégringoler les tarifs; que j'attaque l'ouvrier, déjà si malheureux; que je vais leur arracher le bouton de la main et le pain de la bouche ; que je suis un réac, un rétro, ou une dupe des gros, ou une patte mouillée...

J'ai quatre mots à leur répondre:

1° Pour les tarifs, j'en suis. D'autres ont pu le gueuler plus fort, quittes après à travailler en dessous, et j'en connais ; pour moi, j'y vais tout franc, et m'en trouve bien ;

2ᵉ Mais j'en suis aussi pour la liberté du travail, et ne puis comprendre ces tarifs taillés à coups de grèves et d'interdits. La liberté pour tous, et voilà ;

3ᵉ D'ailleurs, si les négociants voulaient sérieusement petafiner ces tarifs, ce n'est pas un capital de 150 ou 200.000 fr. qui nous empêcherait de passer par leurs griffes. Dans ces batailles d'écus, voyez-vous, ils ont toujours plus de munitions que nous. — Ce qui revient à dire que le Préfet aurait bien pu nous laisser ce petit jouet qu'on appelle *séries*. A part l'Internationale, qui pouvait, au jour dit, empocher le magot, ça ne risquait pas de faire mal à personne, et ça nous amusait bien. — Qu'on me contredise !

A preuve, c'est que les négociants n'ont jamais eu grand'peur de cette terrible manigance, et que, sans consulter la fameuse rue Saint-Claude, ils ont fait tisser les uns au-dessus des tarifs, les autres au-dessous. — Qu'on dise encore le contraire !

A preuve, c'est que le gros bourgeois de l'autre jour, qui sait si bien graffiner les cléricaux devant les francs-maçons, et... réciproquement, se vantait tout haut d'avoir poussé fort aux séries ;

Et qu'en fin de compte, cette association, qui faisait tant ses embarras, n'a abouti qu'à effrayer les plieurs, les pauvres diables de canuts non timbrés, et peut-être un brin le gouvernement.

Eh bien : 4ᵉ pour faire voir à tous nos insulteurs que je tiens au tarif, autant et plus qu'eux, je voudrais qu'au lieu de rester sous le coup de la suppression préfectorale, on s'ingéniât de suite à trouver un moyen sûr de maintenir les tarifs et de les élever, au besoin.

Un moyen sûr, entendons bien, un moyen loyal, pacifique, un syndicat, par exemple, une espèce de tribunal,

dont on respecterait de part et d'autre les décisions. Sans
cela, la question des salaires s'envenimera de plus en
plus. Il y aura des moments de calme, comme il y en a
dans les guerres dans l'intervalle des batailles ; mais on
recommencera sans cesse la lutte, on se bûchera et ça
n'empêchera pas aux fabricants de faire de gros inventaires, aux Polosses de gonfler leur porte-monnaie aux
dépens des canuts, et à ceux-ci de crever de faim.

« Eh! quoi? » diront les petits pères tranquilles de la
canuserie, « pourquoi soulever ces questions brûlantes
aujourd'hui que l'on a la paix? Laissons venir les événements, et puis nous aviserons. »

Mes bons messieurs, permettez : quand le feu sera aux
poudres, il ne sera plus temps ; et d'ailleurs, si vous voulez
faire une combinaison sérieuse, honnête, raisonnable, juste
et impartiale, n'attendez pas que les têtes se soient échauf-
fées : discutez à sang-froid. A bientôt la reprise de mon
histoire.

SUR LA MÊME QUESTION

18 juin 1874.

Deux mots, en commençant, pour vous remettre au
courant de mon avant-dernière lettre :

Nous parlions des *séries*, et je vous disais comme quoi
les meneurs de cette affaire étaient en train de couper le
travail et les vivres, ni plus ni moins, aux pauvres
diables de canuts non *timbrés*. Et c'est à la lettre, allez ; il
y avait là un bon petit bonhomme de plan combiné avec
toute la malice habituelle des internationaux.

Si bien que ces apôtres dévoués de la liberté et de la

fraternité avaient résolu froidement de refuser aux catholiques : 1° les renseignements du bureau pour le travail ; 2° le pliage ; 3° les fers pour velours ; 4° même les rouleaux ; 5° aux plieurs récalcitrants leur clientèle, ce qui s'est fait... etc.

Par exemple, ce qu'on ne vous refusait pas, c'était l'insulte. N'avez-vous pas remarqué le travers, je devrais dire la bêtise de nos grands bavards républicains, de ceux qui, en république pour de bon, comme ils l'appellent, tiennent la queue de la poêle? Invariablement, ils commencent par attaquer la religion ; témoin le fameux décret du fameux Chépié, débutant par cette magnifique rengaine :

« Considérant que l'instruction religieuse est directement opposée à l'esprit de la république... »

Espèce de bugnes, va! ne trouvent-ils pas rien de mieux que de se mettre à dos les braves gens... et de faire ricaner les abrutis ! Ah! oui, on vous en fichera de ces républiques ! Comme si un métier pouvait longtemps taper solide quand les artisons délavorent les ponteaux ! Mais, pauvres républicains sans bon Dieu, s'il n'y avait que vous pour manigancer une république, vous en auriez pour un mois... à vous manger les uns les autres. Il ne resterait bientôt plus sur la place des Terreaux que les tiges de vos bottes et quelques mèches de vos cheveux.

Si bien que les petits républicains des *séries* ont voulu singer les grands républicains de l'Hôtel de Ville. Eh oui ! ils ont jacassé et jacasseras-tu contre la calotte et surtout contre les calottins, je veux dire contre les tisseurs qui vont à la messe. On réunissait la série, et les pauvres chrétiens qui, par conciliation, se permettaient d'aller fourrer le nez au *conseil*, n'en sortaient jamais sans avoir entendu bafouer leurs croyances.

Et maintenant, est-ce vrai, oui ou non ? voudra-t-on
bien comprendre pourquoi et comment les tisseurs catholiques ont fondé leur association et leurs *séries* à eux ?
Pour ceux qui auraient la comprenette un peu bouchée, je
m'en vais le redire brièvement.

Les tisseurs catholiques se sont associés — et ils ont
bien fait :

1° Pour avoir un pliage à eux, puisqu'on leur fermait
les autres ;

2° Pour avoir un bureau de renseignements, puisqu'on
ne les recevait pas à l'autre ;

3° Pour avoir des fers et des rouleaux, et aussi de
l'ouvrage ;

4° Pour ne pas laisser filer leur argent aux pontons
ou chez M˟˟ Robard ;

5° Pour relever les plieurs chrétiens qu'on avait interdits ;

6° Parce qu'en faisant eux-mêmes leurs propres affaires,
ils se débarrassaient d'un tas d'individus qui insultaient à
leurs sentiments religieux et à leurs croyances ; et voilà,
sans compter le reste.

D'autre part, ils ont tenu à reformer des *séries* entre eux
et étaient tout disposés à unir leurs efforts aux autres *séries*
quand il s'agirait de maintenir des tarifs. Tout ce que j'a-
vance là est certain, je l'ai entendu de mes oreilles ; j'étais
présent quand toutes ces décisions ont été prises, et je défie
qui que soit de pouvoir en rien me contredire sur ce point.

Maintenant je demanderai aux hommes de bonne foi,
aux ouvriers dont le cœur est loyal, qui ont le simple bon
sens ; je demanderai au lecteur impartial où est la liberté.
De quel côté s'est-on montré libéral, franc, honnête ? De
quel côté y a-t-il eu des pièges, des ruses ? De quel côté
sont les tyrans, les oppresseurs ? De quel côté sont les
victimes ?

Assez pour aujourd'hui ; mais nous y reviendrons, et ce sera pour répondre au gros mot tout bête de certain négociant qui ne veut pas qu'on le nomme.

HISTOIRE D'UN PROCÈS

21 juin 1874.

Il demeure donc bien établi, que les tisseurs catholiques n'ont fondé leur association et organisé leurs séries qu'à leur corps défendant, pour se garer des tracasseries libres penseuses et donner du pain à leurs enfants. Quant à faire tomber les autres séries, ils n'y ont même pas pensé ; une fois organisés, d'ailleurs, ils pouvaient aller tout seuls leur petit train, et ça ne les regardait plus.

Mais, dira-t-on, il y a eu un malheureux procès, gagné par des tisseurs des séries catholiques, et à la suite duquel les anciennes séries ont été supprimées.

Oui, de vrai ! il y a eu un procès entre Monsieur X., de nos séries, et Monsieur Z., des autres séries.

Monsieur X. avait amené sa série entière à se passer de la rue Saint-Claude, et Monsieur Z., de la rue Saint-Claude, voulait mettre la main sur les fonds de ladite série.

Or, ladite série a réclamé, et c'était son droit ; car elle ne devait rien à la rue Saint-Claude. Elle avait payé son dixième pour les frais du bureau central, et, d'après l'ancien règlement, elle restait maîtresse des fonds qu'elle avait amassés. Qui avait raison, là ? Voyons, est-ce clair ?

Si bien que Monsieur X. a gagné son procès ; et, parbleu ! c'est tout naturel. Mais si Monsieur X. était content, j'en connais d'autres qui ne l'étaient guère, Monsieur Z., par exemple, et puis la rue Saint-Claude, cela va sans dire; et ils ont crié, et ils ont gueulé, pardonnez-moi le mot, et ils ont bavardé. Mais quand les cigales crient, les moineaux les croquent.

C'est ce qui est arrivé aux séries. Comment, pourquoi les a-t-on croquées? Je n'en sais rien. Peut-être l'autorité a-t-elle voulu se rendre compte de certains... détails, je l'ignore. Il a dû y avoir par là quelques manigances politiques, mais ça ne me regarde pas, et si ces messieurs de la rue Saint-Claude ont tenu à connaitre leurs délits, ils ont pu se renseigner à la préfecture. Qu'ils examinent bien, qu'ils s'informent, qu'ils fassent des enquêtes, non pas chez *certain négociant*, mais dans les papiers de la police et de l'hôtel de ville, et ils verront clair comme deux et deux font quatre que les cléricaux n'y sont pour rien.

Oh! puis, laissez donc, les farceurs, ils le savent assez, et depuis longtemps. Seulement il fait si bon semer les mauvais bruits, monter les têtes contre tout ce qui est catholique. Il fait si bon être le loup de la fable, pour avoir dans la suite un prétexte de casser les reins à quelque agneau, et de manger son gigot à l'ail.

C'est aussi un petit moyen de faire du tapage. Notre monde d'aujourd'hui n'est-il pas composé de farceurs et de benêts? Or les farceurs auront beau faire, auront beau inventer de grosses bourdes, il y aura toujours des benêts pour les gober. L'esprit court les rues, dit-on; peut-être. Mais, en tout cas, le bon sens doit courir la campagne; car ici on n'en use guère... et n'en parlons plus.

Quant au mot fameux du *fameux négociant* — défense de le nommer — que *c'est la faute aux cléricaux*, je ne sais plus trop qu'en dire. Est-ce une perfidie? Est-ce une manivelle politique? N'est-ce pas plutôt un os jeté à un chien dont on a peur? Il y a des hommes essentiellement plats, et dont l'éducation relevée n'a pas relevé le caractère. Ces gens-là ont besoin de popularité, et quand ils n'ont pas celle d'en haut, ils se raccrochent à celle d'en bas. Dans certaines sociétés ils posent en conservateurs, plus que cela, presque en catholiques; dans d'autres ils pérorent comme de vrais petits Gambetta. Eh bien! à leur aise! mais ce sont de bien pauvres sires, et mieux vaut cent fois être tout simplement un bon canut.

Dites-le lui de ma part.

L'ÉCOLE

'Ecole ! Encore une ruine maçonnique sous les noms fallacieux de Progrès, Lumières, Affranchissement de l'esprit humain, Liberté de conscience, Droits de l'homme, etc... Qu'il est triste de voir sous quel échafaudage de mensonges historiques, de sophismes haineux, de cyniques plaisanteries on a violé la divine Figure de Celui qui avait dit à ses apôtres : « Allez, *enseignez* toutes les classes d'hommes ! » La négation de Dieu dans l'Éducation de nos enfants est un recul de dix-neuf siècles. Les appréhensions dont ces lettres sont pleines sont devenues depuis longtemps déjà de tristes réalités. Les simples avis, les arrêtés d'alors sont aujourd'hui des lois générales. La loi du 29 mars 1882, sous l'instigation de Paul Bert, malgré les plus éloquentes prostestations à la Chambre et au Sénat, malgré les argumentations si loyales de Mgr Freppel, de Ferdinand Boyer, de Chesnelong, de Jules Simon, a laïcisé, c'est-à-dire déchristianisé les programmes de l'enseignement obligatoire, en supprimant le nom de Dieu, le catéchisme et tout ce qui fait plus tard la consolation et la résignation du pauvre en face des jouissances du riche. La loi du 31 octobre 1886 sous la même influence, malgré les mêmes protestations, malgré les résultats déjà peu satisfaisants de la première, acheva l'œuvre de sa sœur et proclama comme une conquête, la laïcisation du personnel enseignant, enlevant ainsi à nos chers enfants la sollicitude du bon Frère, la maternelle direction de la Sœur, la dernière possibilité de rester honnêtes : L'expérience de quelques années a déjà suffi pour le prouver mieux, hélas! que tous les discours. Cette hostilité gouvernementale a déterminé heureusement une lutte énergique. Des sacrifices ont été sublimes et féconds de la part des chrétiens, et à l'heure où nous publions cet ouvrage il n'est plus question dans les journaux, dans les rapports à la Chambre, dans les discours scolaires, que de la dépopulation croissante des écoles sans Dieu. *Deo gratias !* Inutile de raconter tout ce que le bon Curé de Saint-Augustin a souffert pour ses écoles. Chacun se dit tout bas que sa laborieuse résistance n'est pas sans relation avec sa mort prématurée.

PÉTITION POUR NOS ÉCOLES

5 octobre 1870.

Monsieur le Préfet,

Les citoyens soussignés, chefs de famille, habitant la Croix-Rousse, ont l'honneur de déposer une protestation collective et motivée, contre le décret d'un ancien comité, supprimant les écoles communales congréganistes, décret aujourd'hui maintenu et mis à exécution par le nouveau Conseil municipal.

Le motif de cette suppression est ainsi exposé par les auteurs du décret :

Considérant que l'instruction donnée par les congrégations religieuses est contraire à l'esprit de la République.

Or, nous protestons de toutes nos forces contre le décret et son *considérant.*

Contre le *considérant,* d'abord, dont nous avouons ne pas saisir le sens.

Parce que nous n'avons jamais découvert dans l'instruction donnée à nos enfants par les Frères et les Sœurs, des principes opposés au bon gouvernement de la République.

Parce que l'expérience atteste, et les gouvernements passés et présents savent que la désobéissance aux lois et la révolte contre les autorités nationales, n'ont jamais eu pour foyer les sociétés fidèles aux principes de l'instruction chrétienne.

Parce que, enfin, d'autres républiques, non moins jalouses de leur indépendance, les Etats-Unis et la Suisse, par exemple, protègent et favorisent depuis longtemps les écoles tenues par les Frères et les Sœurs, sans aucun péril pour leurs idées politiques.

Nous protestons, en outre, énergiquement contre le décret au nom de la liberté, de l'égalité et de la justice; au nom de la liberté qui est ici foulée aux pieds. Car si les deux tiers des familles lyonnaises ont confié jusqu'ici leurs enfants aux écoles religieuses, ce qui est incontestable, la liberté veut que ce fait, équivalant à un vote tacite et libre tout à la fois, puisqu'il y a concurrence d'écoles, soit pris en considération et respecté.

La liberté veut aussi que les pères et les mères de famille, dont l'autorité sur ce point est incontestable, puissent donner à leurs enfants l'éducation qui leur convient, et qu'ils estiment plus conforme à leurs opinions religieuses.

Nous protestons au nom de l'égalité républicaine, qui serait gravement compromise et altérée si, une partie de la population ayant des écoles de son choix, l'autre ne jouissait pas du même avantage.

La véritable égalité proscrit toute vexation à l'égard d'une classe de citoyens ; la véritable égalité doit veiller aux intérêts de tous.

Nous protestons au nom de la justice ! Dans les sociétés où les contributions sont également réparties, nous avons droit à une égale répartition de secours et de faveurs. C'est ce droit que nous réclamons pour nos écoles. Nous ne voulons pas de privilège ; nous demandons simplement que l'autorité soit juste et maintienne nos écoles, dirigées par les Frères et les Sœurs, sur le même pied de gratuité que celles dirigées par les laïques. Ce n'est pas trop exiger, car, nous le savons, monsieur le Préfet le sait aussi : les écoles chrétiennes sont pour le budget de la commune une charge bien moins lourde que les écoles laïques.

Si, en s'appuyant sur les données intentionnellement fausses de certains journaux, on nous objectait que, dans nos écoles, l'instruction chétienne nuit aux études, nous répondrions que les comptes rendus de l'Académie n'ont jamais constaté cette infériorité qu'on nous reproche.

Nous apporterions en preuve particulière le dernier Bulletin de l'instruction primaire, n° 10, année 1870, d'après lequel, vingt-neuf témoignages de satisfaction accordés aux écoles de garçons de notre ville, vingt-trois ont été mérités par les écoles des Frères, et sur trente décernés aux écoles de filles, dix-neuf ont été obtenus par les Sœurs de Saint-Charles.

Pour tous ces graves motifs, nous protestons de nou-veau contre ledit décret ; vous ne voudrez pas, monsieur le Préfet, maintenir une décision qui aurait pour résultat de blesser les intérêts les plus chers d'un très grand nombre de familles lyonnaises.

Nous espérons donc que vous prendrez en main notre cause, et que, fidèle aux principes de justice qui vous ont déjà attiré la sympathie universelle de notre cité, vous calmerez nos légitimes inquiétudes, en nous conservant nos écoles communales congréganistes.

Dans cette confiance, monsieur le Préfet, nous sommes heureux de nous dire vos très soumis administrés. Et nous signons cette protestation en double copie.

LA LOI MUNICIPALE

21 novembre 1870.

Si la loi municipale qui supprima les écoles congréga-nistes fut un attentat à la liberté, on peut dire que son application est une tyrannie des mieux conditionnées. Vous pourrez en juger par le petit exposé suivant de la situation :

L'époque de la rentrée a été d'abord, pour la majorité des familles, un bouleversement, une torture. Que faire des enfants? Les garder? C'était compromettre leur instruction. Les envoyer? C'était — n'en déplaise au programme — compromettre leur éducation *morale*.

Donc, les unes ont préféré attendre ; les autres ont essayé des écoles mutuelles, et quelques-unes enfin sont allées aux nouveaux venus.

Si bien que nombre d'enfants gambadent encore dans les ateliers.

Si bien que les écoles mutuelles regorgent d'élèves, parce que la sagesse clairvoyante de leurs directeurs n'a pas consenti à maudire la prière, le catéchisme et l'Evangile.

Si bien que les écoles nouvelles sont peu fréquentées, et que tel établissement que nous connaissons, où autrefois cent quarante élèves recevaient l'instruction à la faveur d'un budget de 1.300 fr., dépense aujourd'hui 2.700 fr. pour *soigner* vingt-sept petites filles.

Et encore, citoyens libéraux, on a vu des mères pleurer en y faisant inscrire leurs enfants.

Vous avez dit sur papier timbré que *l'instruction chrétienne est opposée à la République;* dans ce cas, il y a peu de républicains, car presque toutes les mères de famille se sont fait un honneur et un devoir d'aborder les maitres d'école avec ce refrain *inaccoutumé :*

« *Nous voulons* que notre petit fasse la prière, apprenne le catéchisme et se prépare à la première communion. »

Voilà, citoyens libres penseurs, comment vos vexations ont réussi.

Des questions ont été faites dans ce sens aux magistrats nouveaux, lesquels ont été fort embarrassés.

Ils se sont obstinés à répondre qu'ils n'étaient point libres penseurs, tant ce titre pouvait ébranler la confiance des parents!

Et cependant nous voudrions bien savoir quelle différence il y a entre leur façon d'enseigner et celle des libres penseurs. Pour mon compte, je n'en vois point.

Il est vrai que — toujours pour tranquilliser les parents — d'aucuns se sont permis de faire une prière, de prendre des moyens détournés pour enseigner le catéchisme; mais tout à coup des espions ont surgi, ont menacé, ont crié, et tout a fini par rentrer dans l'*ordre*.

Donc, en résumé, le libéral décret du libéral comité, a pour résultat de tourmenter, de tyranniser à la fois les familles, les enfants et les instituteurs.

Et je sais un de ces pauvres pédagogues vraiment bien dignes de pitié. Pour plaire aux mamans il a dû promettre de mener les bambins à la messe du dimanche et de leur apprendre la fameuse *morale* de l'affiche.

Mais d'autre part on le veille.

Le voilà donc obligé chaque samedi de se torturer l'esprit pour trouver un prétexte de s'absenter.

Un jour il est de garde à l'Hôtel-de-Ville; une autre fois il est forcé de faire un voyage; la semaine suivante il est malade; puis il fait trop mauvais temps, etc... Enfin bref, on dirait qu'il veut épuiser le vocabulaire.

Quant à la *morale*, il attend sans doute celle du *Bulletin de la République*. Et encore, à ce propos, des malins se permettent de soulever la question préalable de l'infaillibilité.

Pour moi, je lui conseillerai d'enseigner, en attendant le *Bulletin* dogmatique, les trois vertus théologales de la présente République : la foi en sa liberté, de plus en plus mystérieuse, l'espérance en son avenir déjà problématique, et la charité pour son administration.

UNE MANŒUVRE CLÉRICALE

30 novembre 1870.

Je viens de lire dans un journal de notre ville, sous la rubrique *Conseil municipal*, le compte rendu de la séance du 17 octobre, et dans ce compte rendu peu précoce, comme vous le voyez, une note singulière, déclamée par le citoyen Reynier et approuvée par ses collègues. La voici :

« Je signalerai une manœuvre cléricale qui consiste à faire des Frères ignorantins des martyrs de la République ; on se garde bien de dire que ces écoles ne sont supprimées que par intérêt général, qu'elles sont subventionnées par la ville et tenues par des professeurs non diplômés... Il importe, selon moi, d'éclairer la population sur ce point. »

A moins que ce citoyen n'ait le monopole de l'éclairage populaire, je me permettrai d'apporter aussi à la question la lumière de mon faible *cbelu*.

Il s'agit d'abord d'expliquer la *manœuvre* qu'il a daigné appeler *cléricale*.

Un décret ordonne l'expulsion immédiate de tous les Frères enseignants ; blessés dans leurs droits et leurs croyances les plus chères, 6.000 chefs de famille ont protesté et protestent encore contre cet acte tyrannique, au nom de la liberté, de l'égalité et de la justice. Voilà la manœuvre ; où voit-on du *clérical* ?

Ces écoles étaient subventionnées par la ville ; l'a-t-on jamais nié ? Qui veut-on *éclairer sur ce point* ?

Et les familles chrétiennes n'ont-elles pas droit à cette subvention ? Ne payent-elles pas les impôts aussi bien et

mieux que les libres penseurs aujourd'hui subventionnés?
Faut-il donc sans cesse rappeler à nos gouvernants les
principes élémentaires du droit social?

Ici le citoyen conseiller fait sonner bien haut le motif
d'*intérêt général* ; en bonne vérité, ce mot est-il sérieux?
A qui prétend-on jeter la poudre aux yeux.

L'*intérêt général* demandait-il que 20,000 enfants fus-
sent privés d'instituteurs? L'*intérêt général* exigeait-il que
les professeurs payés antérieurement 650 francs coûtas-
sent à l'avenir 1.200 ou 1.500 francs ?

Pas n'est besoin de siéger à l'Hôtel-de-Ville pour comprendre de quel côté l'*intérêt général* a été malmené. Personne ne se fait illusion à ce sujet.

Mais, passons au mot de la fin.

Le citoyen a cru produire de l'effet et faire preuve de
sollicitude scientifique en affirmant « que les écoles des
ignorantins étaient tenues par des professeurs non diplômés. »

Pour toute réponse à cette rengaine, puisée dans l'ex-
Excommunié, il suffira de renvoyer le citoyen au vocabulaire et aux registres de l'Académie :

Dans le vocabulaire, il apprendra la signification du
mot *ignorantin* ;

Et dans les registres, il verra de ses yeux que *toutes* les
écoles chrétiennes de Lyon étaient tenues et dirigées par
des frères *diplômés*.

Veuillez agréer mes salutations empressées.

RAISONNEMENT DE GUIGNOL

30 novembre 1870.

Gni'a mon gone, ce matin, que m'a décanné zune pape-rasse, qu'on l'y avait vendu gratis à l'école, ousque je n'ai lisu bien de z'avisses aux pepas et aux memans qu'ont pas assez d'aime. Quand j'ai za eu fisqué mes deux quinquets dessus le boniment, ma foi, que je me suis dit, c'est bien tapé. Tout de même les cetoyens Grande, Giboulée, Gai, Rossignol, Vache, Ronde, n'ont censément de z'incapacités, et si n'ont un petit peu t'oublié le patois de la Grand'Côte, y savent arrimais signé leurs noms avé de grosses lettres.

Seulement que les pauvres canezards, qu'ont pas fait leur inducation za l'Hôtel-de-Ville, vont rien z'y comprendre. Et si je leur z'y espliquais, moi, nom d'un rat, que déchiffre un tantinet le français, et qu'ai pas honte de parler patois.

Ah! donque, les gones, je vas vous z'y dire d'abord en français, et pis je vous y redirai autrement... mais ça sera la même chose.

Ecoutez :

Essepiication
des avisses du conseil de ministration
aux pepas et aux memans
qu'ont de z'enfants.

« Le conseil d'administration croit de son devoir
« d'éclairer les pères et mères de famille sur ce sujet (les
« écoles). »

Ça, pauvres t'amis, ça veut dire que nous sont tous de

borniclasses sans jugeote, que gigaudons dans la boutasse
de l'ignorance, et que nous vont être irruminés par Vache
Ronde, Grande Giboulée, Gai Rossignol, que sont de pepas
et de memans modèles... comme gn'y en a pus.

« Les écoles primaires municipales sont gratuites, et
« confiés désormais à des directeurs et des directrices laï-
« ques, munis de diplômes et, le plus possible, pères et
« et mères de famille. »

Ça, z'enfants, ca senifie que ça sera comme autrefois;
selement que gn'y aura pus de frères, qui valaient rien,
pas ce qui z'étions trop bon marché. Au lieur que les pepas
et les madelons qui vont prendre la place, y n'auront tout
plein de poupons pour têter la caisse mulicipable attenant.
Si bien que le mot *gratuites* n'est une manière de dire que
ça coûtera le double.

« L'enseignement comprendra la morale. L'enseigne-
« ment religieux ne fait pas partie du programme de
« nos écoles. »

La morale, mes frangins, c'est ça qu'apprend aux gones
à pas polissonner, à pas chiquer les confitures, à pas voler
les picaillons, à pas faire la gnaque par darnier, et quand
y seront grands, à pas courir avé les gourgandines.

De mon temps, ça c'était dans le catéchisse, et y fallait
pas badiner. Et pis, gn'y avait le bon Dieu que vous apin-
chait toujours, et que vous attendait au traquenard pour
y faire payer vos guognandises. Mais la menistration que
veut pas être apinchée comme ça, et que n'appriende le
traquenard, n'a tout bonnement fait un croc-en-jambe au
bon Dieu, et n'a mis Croquemitaine à sa place, pas ce qui
fait pas peur aux grands pillereaux, mais tant seulement
aux moutards. Et vela! — Que pensez-vous de la farce,
hein ?

« La commune laisse tout enseignement religieux, aux
« soins des familles.. »

J'esseplique : Comme les miaillons seront tout le jour à l'école et toute la nuit sur la suspente, ils auront le reste du temps pour apprendre le catéchisse. Et comme le pepa ronfle en sortant de la banquette et remonte à la banquette en sortant de ronfler, il aura aussi le reste du temps pour instruire ses miaillons.

C'est-y bien éventé, ça, les gones !

« Mais sa sollicitude se reporte toute entière sur l'en-« seignement de la morale effective, de la morale dégagée « de tout système, née de l'expérience progressive... »

Ah ! ça, mais... nom de nom ! j'y comprends guère c'te fois. Ça veux dire... que ça veux rien dire, je crois.

Morale affective... Là gn'y a z'un petit goût de canante, ça donne d'air au mariage.

Morale dégagée : dans le genre de mamzelle chenue d'air, je pense.

Expérience progressive : ça c'est p't'être une manigance pour devenir quéque chose en peu de temps, comme Fédérique Morin, qu'est arrivé parfait à Mâcon en... train express. Faudra reluquer cette recette, z'enfants, toujour tirer le bouton, ça finit par vous mécaniser.

« Il est temps d'adopter un programme qui unit au lieu « de diviser. L'expérience du passé a été assez funeste. « Nous en subissons plus que jamais les conséquences « accumulées. »

C't'à dire, les gones, que c'est le catéchisse qu'a tout fait le mal.

Si gnia za eu de revolutions, c'est à cause du caté-chisse.

Si gnia za eu une dégringolade à Waterloo, c'est par le catéchisse.

Si gnia za eu un Messique, un Sédant, un Messe, c'est le catéchisse.

Si les Prussiens nous bouliguent avé leurs croupes, c'est le catéchisse.

Mais si le catéchisse est si malin, pourquoi qu'on l'envoie pas contre Bisquemal et son Guillaume?

« Convaincus de l'importance des observations qui
« précèdent, les parents, nous n'en doutons pas, devance-
« ront la loi qui déclarera obligatoire l'instruction pri-
« maire. »

Oh! pour le coup, mes t'amis, c'est pas difficile à essepliquer.

C'est la grosse caisse! Boum! Boum! Amenez, amenez vos moutards... Boum! Boum! y seront bien soignés... Boum! Boum! Arregardez voir un peu not' marchandise... Boum! Boum! le postpectus pour rien... Boum! Boum! Nous n'avons presque personne... Boum! Boum! Disez donque, canezards, imbéciles, faut-il vous faire agrafer par les bicornes? Nous ferons de vos miaillons de vrais pepas... Boum! Boum! Et de vraies memans... Boum! Boum! Qu'auront de z'enfants!

Et vela me n'esséplication.

Adieu, les gones, soyez pas cavets.

LA BONNE VILLE DE LYON

27 juillet 1871.

Un journal vous reprochait dernièrement, avec sa clair-voyance habituelle, d'avoir dévoilé à contre temps nos *turpitudes* nationales, et vous comparait spirituellement aux écrivains du *Défenseur des Droits de l'Homme*. Dussé-je à mon tour passer pour un communard de première venue, je veux apporter ma note à votre chant de tristesse.

Vous saurez donc, — si jamais vous avez pu l'ignorer, — que, après nos capitulations militaires, au demeurant les moins honteuses, après nos capitulations devant l'émeute, après nos capitulations en face de la Commune, après notre abnégation devant les intrigants du drapeau rouge, après nos désertions électorales, il nous restait, à nous Lyonnais, une dernière honte à subir : la tyrannie grotesque et comique de l'enseignement libre penseur.

Oui, on a pu, dans une cité réputée un foyer de science, renommée pour être le centre des œuvres chrétiennes en France, et la pépinière des apôtres de l'Évangile, on a pu organiser officiellement la démoralisation systématique de nos familles sans difficulté. Et cette organisation a été décrétée par quelques nullités auxquelles nous avons confié l'administration et auxquelles je n'aurai pas voulu prêter une pièce de cent sous. Et tout ce personnel athée, démoralisateur, est payé avec nos impôts, logé à nos frais, et jouit d'un matériel acheté avec nos humbles cotisations. Sommes-nous assez aplatis ? Comment faut-il appeler cette défaite ?

A la première étreinte de ce joug, nous avons un peu crié : une pétition s'est rapidement couverte de six mille signatures, et on a montré les dents au citoyen Challemel. Mais à la préfecture on connaissait la devise :

Suis le lion qui ne mords point.

Et à la première secousse du frein nous sommes redevenus... bons garçons comme devant. Le lion s'est changé en brebis, et on a mangé ses... gigots à l'ail.

Donc, depuis tantôt six mois, plus un mot en faveur de nos écoles populaires, pas la moindre piqûre d'épingle à

Messieurs — pardon — aux citoyens Chavanne et consorts, pas une ligne de réclamation au *vénérable maire*,

> Vous nous fîtes, seigneur,
> En nous croquant, beaucoup d'honneur ;

et nous avons, le 7 mai, enveloppé nos remercîments dans nos bulletins de vote. Vraiment on aurait dû les faire encadrer. Et d'ailleurs savez-vous qu'il ne fait pas bon s'approcher du perron de l'Hôtel-de-Ville avec une physionomie de pétitionnaire.

Demandez aux ouvriers audacieux qui portèrent la pétition des six mille.

Les siècles futurs apprendront donc un jour que, en pleine République, sous un régime régénérateur et libérateur du peuple, on nous a démoralisés malgré nous ; on a fait de nous, enfants du peuple, une caste maudite, méprisée et esclave, parce que nous n'avons pas jugé à propos de brûler de l'encens au nez des citoyens Chavanne, Chepié et Brialou. Eh bien ! que les ouvriers chrétiens de Lyon le sachent : il y a là pour eux une injustice criante, et contre laquelle ils doivent protester sous peine d'abdiquer leurs droits.

Que le gouvernement abandonne l'éducation populaire d'une grande ville à des personnages dangereux, impies et révolutionnaires ; qu'il laisse ainsi s'agrandir la hideuse plaie de notre perversion morale, c'est là un oubli que nous appellerions criminel, si de nombreuses et pénibles préoccupations n'entravaient pas la bonne volonté de nos ministres. Est-il vrai qu'on va commencer l'œuvre de réparation ? Qu'on fasse vite, il n'est que temps ; la négligence a déjà produit des résultats qui effraient.

Que les heureux, les rentiers n'aient pas le loisir de s'inquiéter des besoins et de l'éducation de la classe laborieuse, qu'ils réservent leurs cris de paon pour le jour où l'on viendra imposer leurs pianos ou leurs *pur sang*, cela va de soi. Comment voulez-vous que ces messieurs quittent leurs riantes villas pour venir écouter aux portes des écoles dites municipales? Se sont-ils même dérangés pour le scrutin, et savent-ils mieux la différence qui existe entre le frère Petrus et Mlle Bobard qu'entre M. Guérin et le citoyen Ordinaire? D'ailleurs, leurs enfants, à eux, sont en pension au collège, qu'iraient-ils démêler avec les écoles des pauvres? Toutefois, que le gouvernement et les rentiers prennent garde! Je doute que la *morale effective* commande l'obéissance aux lois et le respect du bien d'autrui.

Donc, ouvriers et pères de famille, nous n'avons plus qu'une ressource; elle est en nous-mêmes. Nous serions lâches, indignes, si nous courbions la tête devant la tyrannie qui s'impose à notre foyer et menace nos convictions les plus intimes. Il faut protester contre la violence qui nous est faite; il faut rappeler au gouvernement notre première pétition, la soutenir énergiquement, ou mieux encore renouveler nos signatures et publier hautement nos réclamations. Puisqu'il ne nous reste plus que la force de crier, crions.

Peut-être va-t-on essayer d'un moyen pour nous fermer la bouche. Il faut veiller. Au peuple esclave de la décadence romaine, pour calmer ses cris de révolte, on donnait du pain et des jeux, et cette masse imbécile, tout à l'heure mutinée, courait acclamer César sur les gradins de l'Amphithéâtre. Ne semble-t-il pas qu'on veuille appliquer le système aux écoles municipales? Je me suis laissé dire, et je crois, jusqu'à preuve du contraire, que des sommes considérables ont été dépensées pour donner des vêtements aux élèves municipaux; que ces mêmes élèves ont de charmantes récréations, dans de charmants gymnases

dirigés par de charmants jeunes gens; que les polkas, les
mazurkas et les valses sont à l'ordre du jour et même de
la nuit; enfin, qu'on prépare à ces chers bijoux une splendide distribution de prix, dont les livres, les couronnes et
les assiettes ne coûteront pas plus de 22.000 fr. Cette
surabondance de faveurs, qui ne coûtent rien à nos municipaux, n'aurait-elle pas pour but d'attirer les enfants et
d'amorcer les familles pauvres?

Eh bien ! ce serait une honte pour nous que d'être pris
à ce piège grossier. Nous protesterons contre la violence
et nous mépriserons les procédés. Notre devoir et notre
droit sont de réclamer à grands cris nos écoles chrétiennes;
soulevons de nouveau la question, et demandons qu'on
ramène dans leurs anciennes classes ces Frères et ces
Sœurs, qui, depuis six mois, continuent leur pénible mission, nourris du pain de l'aumône, resserrés dans des
locaux incommodes, et obligés de traverser les rues quatre
fois par jour sous des avalanches d'insultes.

COMMENT ON REMPLIT LES ÉCOLES LAÏQUES

12 octobre 1872.

Puisque vous n'avez pas jeté aux équevilles mon babillage de l'autre jour, je vais user de la permission et me
dégonfler encore aujourd'hui avec vous. Vrai de vrai! j'en
ai besoin. Aussi bien, il n'y a pas que les séries qui trou-
blent mon sommeil.

Tenez, pas plus tard qu'hier, j'ai eu avec mon voisin, le
citoyen Jolibec, une prise de langue qui a manqué se tourner en prise de corps. Faut vous dire que cet être-là, brave

ami et gai camarade au temps jadis, ne peut plus me voir, depuis tantôt deux ans, sans grincer des dents comme une Jacquard de douze cents crochets. Pas mauvais, le garçon, mais bête! En manière de riposte, je lui marche bien un peu sur les agacins; mais, soit dit entre nous, il ne l'a pas volé. N'a-t-il pas voulu faire le fendant en grognant des *couac !* à mon Charles, parce qu'il va à l'école des Frères?

— Allons donc, espèce de girouette, on connaît ton numéro, va; tu n'a pas toujours bavé si gros contre le frère Papole. Si ta Justine sait signer ton nom, à qui le dois-tu. Et sa robe blanche de première communion, et son trousseau du lendemain? et les vestes de ton cadet? le Curé, les Frères et les Sœurs en ont su le prix, Parbleu ! tu t'en passes maintenant parce que le tailleur Marceau a fait voter sur les fonds d'autrui pour quinze mille francs de culottes laïques. Suffit ! on connaît le truc.

Il a piqué un soleil, le gone, il fallait voir.

Mais savez-vous que ce commerce-là finit par vous agacer. Parce que vous avez un mioche chez les Frères vous ne pouvez aller ni chez la dévideuse, ni chez le plieur, ni chez l'épicier, ni au café, ni à la pompe, ni à la vogue sans qu'on vous flanque des *couacs* en pleine figure? Eh ! de quelque manière que j'élève mes enfants, est-ce que ça les regarde? Ils sont à moi, entendez vous? et en payant leurs pantalons je prétends les leur faire user où bon me semblera, sans demander de permis ni à l'épicier, ni à la dévideuse, ni au plieur, ni à toute votre boutique.

Eh bien! sapristi! ce qui achève de me donner sur les nerfs, c'est de voir un tas de papas et de mamans trembler de peur devant les jolibecs de leur quartier, et gâter l'éducation de leurs enfants pour calmer le balai d'un concierge, ou gagner les flagorneries d'un marchand de mélasse. Dans ma rue il y a plus de vingt familles qui en sont là.

Ah! braves citoyens, va, si les Prussiens n'ont que vous pour leur barrer passage, ils seront bien nigauds de trainer canons et fusils ; qu'ils sachent seulement assez de français pour crier *couac!* et vous rentrerez sous terre comme des rats.

— Voyons, voyons, ouvriers, mes camarades, avons-nous des muscles aux bras? Avons-nous encore du feu dans la poitrine? Avons-nous encore un peu de fierté gauloise? Ou bien allons-nous tomber à plat comme des matefains au niveau de la bourgeoisie parfumée? Rappelons-nous que nous avons le droit d'être même catholiques, et qu'un bon catholique a le devoir d'être honnête et de rester courageux. Ne baissons la tête que devant Dieu.

Pour moi, j'enverrai mon Charles à l'école des Frères, malgré Jolibec et ses *couacs.* Seulement, comme l'autorité doit visiter les classes à la fin de ce mois, dit-on, pour les subventionner en proportion du nombre des élèves, je demande qu'on fasse une enquête sur l'abus que je vous signale, et qui de plus en plus devient général et tyrannique. Je demande qu'on renvoie la visite à un temps plus éloigné et plus calme.

Je demande enfin à qui de droit un peu de clairvoyance.

DEUXIÈME PARTIE
LA POLITIQUE

La charité d'un cœur de Prêtre ne va pas sans patriotisme. Jésus, le Prêtre par excellence, a pleuré sur sa patrie. En faut-il davantage pour justifier la conduite du Prêtre qui se permet de prendre une part active aux émotions de son pays ? Dieu sait d'ailleurs avec quelle amère continuité elles se sont succédée depuis le 19 juillet 1870, ces lamentables émotions, et quelle âme de pierre il faudrait avoir eu pour n'en avoir pas ressenti la douleur ! La politique du bon curé est comme son âme : droite dans ses conceptions, loyale et désintéressée dans ses réclamations, sans compromis, sans préjugés, sans utopies et souverainement confiante en la volonté de celui qui gouverne les rois et les peuples. Il est là comme partout l'homme du bon sens et l'ami du peuple. Ses formules resteront les nôtres et nous guideront dans l'application de nos devoirs et de nos droits de citoyens.

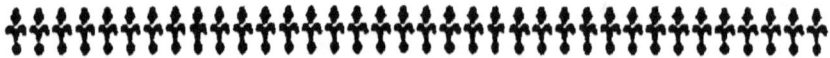

LES LETTRES

LES CURÉS ET LA POLITIQUE

Janvier 1873.

ERMETTEZ-MOI aujourd'hui de faire comme notre Conseil général, c'est-à-dire de parler de ce qui ne me regarde pas. Est-il vrai que *les curés ne doivent pas se mêler de politique?*

J'ai vu pas mal de gens trancher net la question : mon balayeur, qui est radical, et mon propriétaire qui est conservateur, mon rondier, qui est bonapartiste, et mon négociant, qui attend 1830, sont assez d'accord là-dessus. C'est à vous dire qu'à tout prix ils n'en veulent pas ; ils protestent, les uns contre l'alliance du sabre avec le goupillon, les autres contre l'influence noire ; ceux-ci envoient les curés à leur sacristie, les autres à Chaillot.

Et même des journaux *bien pensants* empoignent aussi la rengaine ; et si un archevêque de Paris ose simplement dire qu'à Rome comme ailleurs ceux qui prennent le bien d'autrui sont des fripons, il est bien sûr que toute la meute du *Salut public* aboiera son : *Fougueux prélat !* Je vais plus loin. Des catholiques pour de bon, beaucoup des catholiques *gémissent* quand un prédicateur laisse échapper un mot qui effleure cette traitresse politique, ou qu'un abbé donne son avis sur les élections.

C'est très bien, citoyens et messieurs, gardez pour vous le monopole de la politique, et, ma foi, vous devez être fiers de vos derniers exploits. Avant-hier et l'autre dimanche, sans aller plus loin, vous nous avez bâclé de la jolie besogne ; et, de vrai ! si les curés sont malins, ils doivent fameusement rire de... n'y avoir été pour rien.

Mais passons là-dessus. Est-il vrai que *les curés ne doivent pas se mêler de politique ?* Que l'on se moque de moi ou que l'on m'approuve, ça m'est parfaitement égal, et je réponds : *non, ce n'est pas vrai.*

Ce n'est pas vrai :

1° Parce que la politique envahissant tout, pour ne s'en pas mêler il faudrait n'être rien ;

2° Parce qu'ils sont aussi bien Français que vous et moi, et qu'ils aiment leur pays ;

3° Parce qu'ils ne peuvent pas oublier les intérêts de leur famille et de leurs paroissiens ;

4° Parce qu'ils doivent défendre leurs écoles que la politique veut attaquer ;

5° Parce que la politique se mêle beaucoup trop de la religion et qu'ils en sont les soldats ;

6° Parce qu'ils ont à Rome un chef que la politique veut tuer ;

7° Parce qu'ils sont responsables d'églises et de couvents dont la politique voudrait faire des écuries... comme à Rome et en Suisse ;

8° Parce qu'ils ont droit à ce que la politique ne leur envoie pas des maires et des municipaux qui les taquinent et les insultent ;

9° Parce qu'ils sont les défenseurs nés des droits de Dieu, et que souvent la politique n'en veut point :

10° Parce qu'ils ne sont pas plus bêtes que tant d'autres qui politiquent ;

11° Parce que la politique ne se gêne pas pour les envoyer en prison ou leur flanquer des coups de fusil... quand ça lui accorde.

Et voilà. Maintenant, que les curés fassent de la politique ou n'en fassent pas, c'est leur affaire ; mais qu'ils ne puissent et ne doivent point en faire, c'est faux. Je défie tous les savants du catholique *Salut public* de prouver que j'aie tort.

POLITIQUE DE CARNAVAL

1er mars 1873.

Je [vous avais bien dit que je me ferais griffer. Me voilà dans de jolis draps, à présent. Depuis ma dernière surtout, on dirait que trente-six mille puces me grabottent l'échine, tant le monde m'en veulent.

Mais alors, cristi ! comment donc qu'il faut parler pour ne pas recevoir les ognes ? Si je parle de Grassouillet, les bourgeois me font la gnaque ; si je picotte les commis, ils se rembourent comme de vrais matous ; quand je caresse la barbiche aux négociants, ils me font griller au bout de leurs pincettes ; les voyous me gueulent après comme à Battu ; et voilà, pour achever la sauce, que les fenottes des Pierres-Plantées aiguisent maintenant leurs *forces* pour broder une dentelle dans ma peau.

Brr !... mais, savez-vous, on y tient à sa peau, moi qui n'en ai pas de rechange.

Oh ! vrai ! il n'y a plus de goût à parler raison avec

les mamis d'aujourd'hui, et pour un rien, crédienne ! je me ficherais à travers la politique. Au moins là, au lieu de coups de griffes, on attrape quelques jolies pièces de cent sous... en attendant la croix d'honneur.

Tant seulement ce qui me retient, c'est que... la politique devient quasiment une peste depuis quelque temps ; ma parole ! ça me fait peur, des fois qu'il y a, de voir nos pauvres gones du Plateau comme ils se tortillent quand ils ont avalé de la politique seulement gros comme une tête d'épingle.

Voyez-vous, moi, j'en connais des douzaines et des quarterons, braves gens tout plein, bons comme cinq sous, qui ne donneraient pas le démenti à un pillot ; ça travaille quinze heures par jour, ça aime la famille, ça grignotte sa petite vie bien maigrement, mais sans se plaindre, prêt à partager sa croûte avec le mendiant qui passe.

Eh bien ! le premier clubard qui montera de la Guillotière leur fera perdre la tête, et s'il leur parle politique seulement cinq minutes, il vous leur prend tout à coup des vartigolories à la façon des chats quand ils ont mangé de la valériane.

S'il y a du bon sens !

Ah ! aussi, nous avons une bonne réputation par le pays ; on nous y habille un peu proprement, faut voir.

La Croix-Rousse ? Mais ça passe pour un guêpier, pour un nid de vipères, pour une cabane de chiens enragés, pour un repaire de tigres et pis encore.

Eh bien ! ça ce n'est pas vrai, c'est faux, archi-faux.

Il peut y avoir des malotrus chez nous comme ailleurs ; mais la masse est bonne, honnête et laborieuse.

Ils veulent, en travaillant, manger du pain et en donner à leur famille. Après tout, c'est bien permis, que diable !

Seulement, comme dit la chanson :

« ... Il règne en ce moment
« Un' maladie de bét's qui tue pas mal de gens. »

Et la maladie, ce chancre, ce boccon, c'est la politique.

Tout le monde veut s'y lancer et ceux surtout qui n'y voient goutte ; et une fois qu'on y a trempé, on bavarde, on batifolle, on y déraisonne, on en petafine.

Tenez, vrai ! je donne un remisse tout neuf à celui qui, ayant couru la politique pendant une quinzaine, n'en est pas revenu un peu plus bête...

Et voilà pourquoi, malgré toutes les tracasseries qui me turlupinent, je n'ose pas piquer une tête dans la politique. J'ai peur d'y attraper un bouillon d'Antiquaille.

Et puis, nom d'un petit bonhomme ! faut-il tout vous dire ? Il y a encore une chose qui m'embête là dedans.

Voyez-vous, moi j'aime bien voir à qui j'ai affaire, et la politique d'aujourd'hui ressemble un peu à l'Alcazar : on y danse avec des masques.

Autrefois, je ne connaissais pas ce monde-là : ils étaient si hauts ces messieurs, mais si hauts, que je n'osais pas regarder de près à leurs binettes, et je m'imaginais que c'était tout en or pour de bon. Mais depuis le 4 septembre, depuis que le Mont-Sauvage gouverne la grande ville, je me trouve en plein dans le gouvernement, pardine !

Aussi, j'en ai vu, et j'en vois de ces masques !

Masques d'ici, masques de là, masques rouges, masques noirs, masques bleus, nez postiches, fausses barbes, blouses faux teint, langues à ressort, têtes de carton, yeux de faïence, cervelles en papier, plumes de paon, crêtes de coq, cheveux en étoupes.

C'est-à-dire, je me trompe — suis-je bête, moi aussi ?
on ne doit pas appeler comme ça les choses par leurs
noms.

C'est-à-dire donc :

Patriotisme, défense nationale, liberté, revanche, ven-
geurs, éclaireurs, pacte avec la mort, revendications,
libéralisme, civisme, prolétariat, liberté de conscience —
pour ceux qui n'en ont point, parbleu ! — progrès, civilisation, fraternité, émancipation, instruction, amélio-
ration des classes ouvrières...

Oh ! la frime ! bonnes gens ! si vous saviez comme
moi ce qu'il y a là-dessous..., tout ce papier de couleurs !
sans compter les masques dorés que je ne connais pas, vu
qu'ils ne sont pas nés natifs de chez nous.

Enfin, les gones, si vous le voulez bien, pour à cause
de savoir franc à qui il faut serrer la patte en amitié,
nous attendrons, avant de faire de la politique, que ce
carnaval soit passé.

PAPA LANAVETTE

7 mai 1873.

Il y avait une fois aux Tapis un atelier qui marchait à
la perfection : de vrai ! tout y était bien tenu, et les
métiers, et la cuisine.

Faut vous dire aussi que le patron, surnommé, je crois,
le Père Lanavette, était un maître homme dans son état ;
à l'œil pour se procurer de bon ouvrage, et malin pour
organiser un montage, piquer un dessin et surveiller
l'étoffe.

La bourgeoise, de même, une baronne de la Tour-du-Pin, ne laissait ni pourrir son linge, ni brûler le fricot, et ses poupons étaient frais comme des cerises.

Et ainsi de suite, à l'avenant : les ouvriers travaillaient, les apprentis obéissaient, les dévideuses dévidaient, les mioches faisaient ronfler le piano à cannettes, que c'était comme une vraie boite à musique, quoi !

Enfin, il s'y gagnait de l'argent, vous pouvez m'en croire.

Or donc, un jour que le *Petit Lyonnais* s'était faufilé à la maison avec une livre de gruyère, on apprit tout à coup que Barodet venait de passer député de Paris. Brrr ! : ce fut d'abord des chuchotements, puis un murmure, puis on bourdonna, puis on parla, puis on cria :

— Parbleu ! hurla-t-on bientôt de tous côtés, pas mauvaise la farce, tout de même. Et nous donc, pourquoi pas ?

— Mais Barodet a raison : vaut bien mieux commander que de trimer sur la banquette...

— Vaut bien mieux tenir la bourse que le détrancannoir...

— Mais puisque Barodet est devenu patron avant d'être apprenti...

Ainsi, papa Lanavette, et toi, maman Louison, vous entendez, plus de privilège, s'il vous plait, le suffrage universel et la justice du peuple.

D'ailleurs, c'est nous qui travaillons, à nous donc de nommer le patron...

C'est nous qui mangeons, à nous de nommer le cordon bleu. Et pas de réplique.

Ta maison ? Hein, vieux réac ! de quel droit ? si tu redis le mot, nous y f... ichons le feu.

Tes épargnes ? As-tu fini ? c'est bien déjà joli que nous voulions partager.

L'atelier tombera? Allons donc, vieille perruque, l'avenir est à la jeunesse. D'ailleurs plus de monarchie ! On n'en veut plus, as-tu compris ? Gouvernement du pays par le pays, de l'atelier par l'atelier. Est-ce clair ? Et puis, pas tant de bêtises, et aux voix !

— Aux voix ! aux voix ! hurlèrent dix gosiers.

Et ainsi il fut fait.

C'est-à-dire que le plus fainéant et le plus bavard des bistanclaques fut élu patron à l'unanimité ;

Que Jenny, apprentisse égrillarde et coquette, empoigna la bourse et la *gouverne ;*

Qu'on chargea Pierre, l'apprenti le plus niaisot, de visiter l'ouvrage et de faire le magasin ;

Que le *vieux* fut nommé aux cannettes et la *vieille* à la souillarde...
....

Dix jours se sont passés. La trame est encore soignée et les assiettes propres, vous devinez pourquoi. Mais l'étoffe se bousille, les dessins vont de travers, le fricot brûle, l'argent file, le magasin met à bas les métiers, et les mioches petafinent de faim. Et le Père Lanavette s'en va pleurant partout, et disant à qui veut l'entendre : Ça ne va pas, ça ne va pas, mon atelier est perdu ! !

Mes épargnes sont fumées ! ! ! Mes pauvres enfants !

Morale :

Ce qui n'empêchera pas que dimanche prochain, papa Lanavette votera pour Ranc ! !

MÊME SUJET

8 mai 1873.

Il paraît censément que tout le monde n'a pas compris mon babillage d'hier ; c'était cependant assez bluisant, nom d'un rat !

Mais puisque à ces mamis il faut leur mâcher le morceau, mâchons-le.

Eh bien ! oui, il s'agit de ce Ranc et de ce Guyot qu'on ne connaît ni d'Eve ni d'Adam. Il s'agit de savoir, non pas s'ils passeront dimanche, mais s'ils passeront *par notre faute*, tas de benonis que nous sommes !

Voyons, pas de politique, s'il vous plaît, un canut n'en sait pas long ; mais parlons au moins un peu bon sens, que diantre !

Dites-moi donc vous d'abord, chefs d'ateliers, vous est-il jamais venu à l'idée de placer à la tête de vos maisons, pour la direction de vos métiers, un de ces paillasses qui viennent voguer tous les ans sur les boulevards ? Donneriez-vous votre fille au premier Gone qui débarquerait d'Oullins ? Confieriez-vous votre bourse, quand même elle n'aurait que dix sous, à un particulier quelconque sans lui demander son nom ?

Et vous mettriez notre France entre les pattes d'un Ranc qui a essayé un jour de la tuer et d'y mettre le feu ?

Et vous, vignerons du Beaujolais, pelucheurs de Tarare, mousseliniers d'Amplepuis, avez-vous oublié que lorsque vos fils mouraient sous les boulets et le pétrole de la Commune de Paris, ce Ranc était derrière les canons en écharpe rouge ?

9.

Il ne manquait plus que ça, que les Tarariens, par exemple, votent pour Ranc, ce Ranc qui a voté, lui, la mort des otages, et par conséquent l'assassinat du Père Captier, leur compatriote.

Il serait beau aussi que les citoyens de Villefranche, de Beaujeu et d'ailleurs, confient à un Guyot le soin de guérir le pays quand ils n'osent pas même lui confier leur peau...

Pensez-vous qu'il préservera vos vignobles de la gelée et de la grêle parce qu'il se moque de Dieu ? ou que son tricot rouge fera mûrir le raisin ? ou qu'il a beaucoup d'esprit parce qu'il parle les mains dans ses poches ?

Ça vous semble bête, peut-être, ce que je dis ? Oh ! oui, cristi ! de vrai ! Mais c'est bien encore plus bête qu'on soit obligé de le dire.

Et quand on songe que pour prêter quarante sous on prend tant de précautions, tant de renseignements, qu'il faut des répondants, des reçus, des témoins... et que pour les intérêts du pays on y va si à la borgnon, si nigaudement... et même qu'on n'y va pas...

Voyez-vous, ça vous ferait pleurer de honte ! Oui, on n'y va pas ; c'est incroyable, mais c'est ça. Si le feu se met à un tas de foin on y jette de l'eau de tous côtés ; mais si le feu est au pays, on ne bouge pas... comme autrefois, on laisse faire le gouvernement...

Eh ! bien, qu'on le sache une bonne fois, le gouvernement n'y pourra rien à cet horrible incendie, si personne ne se met à la pompe.

Et si de l'urne électorale, je veux dire, de la pompe, il sort encore du pétrole, gare !

Ce n'est pas de la politique ça, encore une fois ; c'est du gros bon sens, c'est du b a ba, c'est du 2 et 2 font 4.

Il faut se lever, il faut marcher, il faut voter, il faut agir, ou sinon... périr !

Car plus on se fait mouton, plus le loup vous mange ;
Voilà pour les campagnards.

Et tant plus on reste bugne, tant plus on se fait
griller ;
Voilà pour les canuts.

LA SOCIALE

1ᵉʳ et 2 juin 1873.

Qu'est-ce que la *sociale* ?

Telle est la question que je posais hier à l'un des plus
chauds politiqueurs du Plateau, à Nigaudin, sans le
nommer.

Vous croyez peut-être que mon homme resta le bec
dans l'eau ; pas vrai du tout. Il venait d'apprendre sa
leçon en rue des Gloriettes, et la savait sur le pouce.

— Tu as l'air de t'en moquer, qu'il me dit, parce que
Mac-Mahon s'est cogné en travers de notre chemin ; mais
nous y arriverons quand même, et tu verras.

D'ailleurs, je ne vois pas trop pourquoi tu ris : il me
semble, à moi, qu'en bon tisseur, tu devrais soutenir la
sociale ; car la sociale, c'est le règne de l'ouvrier, c'est le
triomphe du prolétaire sur le capital, le triomphe de la
science sur la superstition, le triomphe des travailleurs
sur les fainéants, le triomphe des petits sur les gros.

Alors, vois-tu, plus de classes, plus de castes, plus de
déshérités, plus de privilèges, plus de police ni de gendarmes, et surtout, surtout, plus de Dieu... pour nous
gêner dans nos plaisirs, mais le bonheur, le bonheur, et,
comme dit Gambetta, rien que la religion de l'humanité...

— Ta, ta, ta ! pauvre vieux, que je lui réplique ; mais tu craches comme une mitrailleuse à répétition, cristi ! mais là vrai ! tu me fais l'effet, avec tes grands mots.... Oh ! faut que tu aies un Barodet dans le scrutin, je veux dire une araignée au plafond... Heureusement que tu n'y comprends rien... sans quoi !

Enfin, écoute, parlons peu, parlons clair ; laissons la fine grammaire à ceux qui sont forts sur la chiffre, et venons droit au fait.

J'ai là sous le cotivet une petite histoire qui va joliment expliquer la sociale.

Pas de Dieu, dis-tu, et pas de gène ; c'est précisément ça.

Or donc, un jour, par là autour du 4 septembre, une jolie mouche à tête rose, s'acharnait à sucer un gros raisin doré pendu à la treille d'un enclos.

— Ma mie ! ma mie ! criait le raisin, épargne moi, tu me déchires...

—Il n'y a pas de mie qui tienne, répond l'autre, c'est à ceux qui ont le ventre plein à nourrir ceux qui n'ont rien...

Et la mouche de sucer de plus belle.... jusqu'à ce que, entièrement repue, elle essuya ses pincettes sur la peau de sa victime, et partit en bourdonnant le *ça ira !*...

Mais elle n'avait pas encore fini le premier couplet, qu'à son tour, elle se trouva embarlificotée sous les jambes crochues d'une araigée.

— Aïe ! cria la mouche, au nom de la liberté... Elle n'en put dire plus long ; l'araignée déjà lui buvait le cœur en fredonnant : qu'*un sang impur.*

Cinq minutes après, celle-ci toute rondelette remontait par son fil jusqu'à la toile qui lui servait de balcon... Un lézard l'y attendait avec impatience, et crac ! d'un coup de dent, la mit au violon... à peine le temps de crier : citoyen !...

Pendant que notre larmise digérait sa proie, et dormait contente au soleil de la sociale, un chat s'amenait doucement par derrière... il s'écoula deux secondes, et puis on vit le lézard tortillant son échine verte sous deux griffes impitoyables.

C'était fait de lui. Il eut beau parlementer, faire les yeux doux, se mettre en colère, essayer de fuir, peine et espoir perdus. Le chat s'en amusa, et puis lentement lui broya les os.

Ce qu'ayant fait, ce dernier sauta du mur, et, par distraction, tomba sur un chien qui le guettait au passage, et qui d'un coup de patte lui cassa les reins, et avec ses crocs l'eut bientôt mis en morceaux.

Quant au chien, que devint-il? On n'en sait rien.

Peut-être un loup.... Mais, enfin, suffit ! il y en a assez comme ça.

Et voilà, mon pauvre Nigaudin, ta sociale sans Dieu et sans gêne... Est-ce clair. Hein?

Tu auras beau branler la tête, vois-tu, tu ne changeras pas la question : il n'y a que deux sociales possibles. D'abord *la Sociale des Trappistes*, par exemple ; là c'est à qui travaillera le plus et mangera le moins ; mais alors, il faut un bon Dieu... absolument.

Et ensuite la sociale des bêtes, où c'est à qui travaillera le moins et mangera le plus. Là, il n'y a point de Dieu ; mais on se taupe... c'est-à-dire que les plus grosses bêtes y mangeront toujours les plus petites.

Or, manquablement que les plus grosses ne seront pas les canuts, et alors gare !

Gare ! et prépare ton échine, Nigaudin.

Te voilà averti.

LA CARPE ET LES CARPILLONS

3 août 1873.

On ne peut contenter tout le monde et sa femme; le proverbe a raison, et votre pauvre tisseur s'en aperçoit.

Tant qu'il n'y a eu que des bourgeois pour se plaindre que ma plume graffinait leur petite peau blanche, bah! je me disais, quel malheur! Mais voilà qu'aujourd'hui ça retourne d'ailleurs, et j'ai là une masse de lettres où mes camarades les canuts m'envoient du grollon en veux-tu? en voilà!

Aussi de quoi je me mêle, espèce de benêt. Je devais bien m'y attendre, cristi! Depuis le temps que ma grand' me disait toujours : Vois-tu, Baptiste, aiguiser les couteaux, casser les pierres sur la route, moraliser le monde, trois fichus métiers, s'il y en a.

Ainsi donc, ma morale ne leur va pas, aux mamis, je parle trop raide, et ils aimeraient mieux que je leur fasse gicler des compliments à la figure. Tant pis! vieux, faudra en avaler encore une aujourd'hui; seulement, pour ne pas trop vous monter sur l'agacin de l'amour-propre, je m'en vas, comme les anciens, faire parler les bêtes :

LA CARPE ET LES CARPILLONS

« N'approchez pas du bord, prenez garde mes fils! »
Ainsi parlait la carpe, attentive commère
     A ses carpillons étourdis,
« Suivez, suivez toujours le fond de la rivière
     « On y vit plus en sûreté,

« L'eau qu'on y boit est plus fraîche et plus pure,

« L'on peut y recueillir suffisante pâture

« Sans craindre du pêcheur le filet enchanté.

    « Au lieu de courir aventure,

« Ma mère le disait, mieux vaut sur son métier

    « Gagner tout bellement sa vie

    « Sans jamais avoir jalousie

    « Du millionnaire et du rentier.

« Or donc, n'approchez pas de ces bords où l'envie

    « De manger bons morceaux,

    « Et viandes et gâteaux,

« Perdit tant d'imprudents. Le limon et la boue

« Souilleraient votre écaille. Et puis, c'est là qu'on joue

« A tromper ses amis, à voler ses voisins,

    « A la bourse, à la politique ;

    « Là rôde nuit et jour la clique

« Des bavards, des crevés et des faux écrivains.

« L'autre soir, mes enfants, j'ai vu leurs ombres noires

« Me guetter au passage, allonger de grands bras,

« Ouvrir de larges becs et jeter des appas ;

« J'ai senti leurs crochets déchirer mes nageoires.

« J'en tremble encore !... Enfants, gardez-vous d'avaler

« Les gros vers que vous tend leur ficelle trompeuse,

    « Même leur prose doucereuse ;

« A leurs festins s'ils ont l'air de vous convoquer,

    « C'est pour vous y croquer !...

« — As-tu bientôt fini, vilaine radoteuse,

    « Tes ennuyeux sermons ? »

    Réplique l'un des carpillons,

« Ces vieilles gens toujours, suivant la vieille ornière.

« Voudraient à dix-huit ans nous mener en lisière.

« Allons donc !... mes amis, soyons pas si benêts.

« Je lisais ce matin dans le *Petit Lyonnais*,

« Car, ne vous en déplaise, on sait lire, madame...
« Que ces discours prudents sont des contes... de femme
« L'avenir est à nous ! trop longtemps nous avons
« Travaillé, désormais c'est nous qui mangerons.
« Nous sommes aujourd'hui, citoyens prolétaires,
« Le peuple souverain, le peuple intelligent,
     « Et, comme l'a dit monsieur Duvand,
     « Demain les gros propriétaires
     « Prendront la pioche et nous l'argent! »
« Bravo!!! » —Comme il parlait, au flanc d'un lourd nuage
Eclata tout à coup un foudroyant orage.
     Le tonnerre et les flots
Roulaient à grands fracas du haut de la montagne,
Les fleuves débordés inondaient la campagne.
     Et crevant la digue de Vaulx
     Pour noyer les Brotteaux,
     On dit que sans façon le Rhône
     Vint embrasser la Saône
     En place des Terreaux
     « Victoire! s'écria le carpillon, victoire!
     « Mes amis, courons à la gloire.
     « Vite empoignons les rênes de l'Etat ;
     « Tâchons moyen d'avoir de bonnes places.
     « Laissons la vieille à ses vieilles grimaces... »
     Et la troupe aussitôt du fleuve s'échappa
     En gueulant : Vive Gambetta!!!
Les uns clopin-clopant, en trainant la guenille
Vinrent boire et manger à la maison de ville,
D'autres, pour gouverner connaissant leur talent
Se firent magistrats de l'arrondissement ;
Ceux-ci voulaient veiller et faire la police,
Et ceux-là bavarder au Palais-de-Justice,
Ou bien, se croyant des héros,

S'installaient commandants, colonels, généraux.
Ah!... ce qu'ils y gagnèrent?
Camarades canuts, n'en soyez pas surpris.
Hélas ! bientôt les eaux se retirèrent,
                    Ils furent pris
                    Et frits.

L'ÉTIQUETTE

18 août 1873.

Ce n'est pas pour dire, mais nous sommes un peuple intelligent ; oh ! mais intelligent du haut en bas de l'échelle sociale, de la place Bellecour jusqu'à la rue Caquerelle ; à preuve le suffrage universel ; à preuve M. Ballue, à preuve M. Milleron.

Je ne sais pas trop comment on fait les Ballues en Bellecour, mais j'ai vu comment on fait chez nous les Millerons ; et manquablement que c'est un peu partout la même mécanique.

Or donc, c'est comme à la fabrique de chocolat, il y a une étiquette, une marque, pour éviter les contrefaçons ; *chocolat*... pardon ! *candidat du mandat impératif... exiger le vrai nom, qualité extra-supérieure...* Trente mille francs à qui prouvera que le mandat impératif ne fait pas repousser les cheveux sur les crânes les plus...

Eh oui! et ce pauvre M. Piaton aura beau se servir d'un papier de même couleur, se dire républicain à tous les coins de rue, prouver comme quoi sa marchandise est mieux soignée, moins frelatée, parler de ses vingt ans de succès ; à d'autres, mon vieux, il fallait la marque !

Mais enfin, dites donc, vous autres qui savez tout, qu'est-ce que c'est que le suffrage universel ? Qu'est-ce que Milleron ? Qu'est-ce que Ballue ? Qu'est-ce qu'un conseil général ? Qu'est-ce que le mandat d'impératif ?

— Eh bien! espèce de bugne, tu voudrais peut-être en savoir plus que les autres. Tout à l'heure il faudra te dire ce que c'est que la République. S'agit pas de ça ; y a-t-il l'étiquette, oui ou non ?

— Mais Ballue connaît-il le département ?

— S'agit pas de ça !

— Mais Milleron sait-il la chiffre ?

— Ce n'est pas la question !

— Mais si Ballue...

— S'agit pas de mais ou de si, s'agit de l'étiquette : « *C'est ceux-là qu'ont l'étiquette que sont les bons.* »

J'ai entendu de mes oreilles ce raisonnement incroyable, et vous direz après que nous ne sommes pas un peuple intelligent.

Et voilà pour le commun des électeurs qu'on appelle rouges.

Quant aux autres, je veux dire ceux qui paient leur loyer et ne brûlent pas leurs ouches, il y en a de plusieurs catégories. La première est celle des grands esprits qui ont peur de la dîme et de l'inquisition. Pour ces gens-là, tous les généraux ont été des traîtres, tous les soupiraux de cave sont des meurtrières de la réaction, tous les couvents renferment des fusils et des bombes. Si on leur disait que dans leur soupe il y a un jésuite, il jetteraient leur bouillon; et ainsi de suite.

Et ils votent rouge... pour sauver la patrie. Ça me rappelle l'histoire d'un gros benêt de fiancé. Défie-toi des curés, lui dit un de ses témoins, avant le mariage, c'est tous des finauds qui attrappent le monde.

Puis quand on fut à l'église.

— Monsieur un tel, dit le prêtre, voulez-vous prendre Mlle une telle, pour...

— Ah çà, disez donc, m'sieu le curé, répond avec effroi le futur époux, c'est-y pas une attrappe ?

C'est à vous dire que nous sommes un peuple intelligent, allez !

Je ne voudrais pas terminer ces balivernes sans vous dire un mot des *vrais conservateurs*; mais j'ai peur de les griffer trop fort.

Il y a ceux du plateau et ceux de la ville.

Quand on vote, ceux d'en haut vont pêcher à la ligne et ceux d'en bas brouter un cantalou à Ecully.

Mais quand on se fiche des coups de fusil, ceux d'en bas filent à Genève avec leurs écus et ceux d'en haut dégringolent à Collonges par la montée de la Caille.

De fait ils sont pour Ducros et Bourkabi, mais à l'occasion... ils *s'abstiennent*.

Eh bien ! vous ne savez pas, si j'étais à la place de Bourbaki, et qu'il arrive un coup de torchon qui ne laisse le temps ni de dégringoler à Collonges, ni de filer à Genève, vous comprenez? eh bien... je m'*abstiendrais !*

Et on ne l'aurait pas volé.

L'OPINION PUBLIQUE

14 octobre 1873.

On se fait illusion si l'on croit que le calme règne en ce moment parmi la population ouvrière ; il n'en est point ainsi. Bien des colères s'amassent; on murmure en secret ; on grince des dents, et on menace.

Vous aurez beau faire, allez, vous n'empêcherez pas à ces bons benêts de se croire joués.

Tout est perdu, si la République tombe ; tous les combats livrés jadis *pour la liberté* deviennent chose inutile ; avec Henri V vont revenir tous les privilèges ; adieu ! les tarifs, et gare l'inquisition !

Ça fait pitié, ça fait regret ! mais c'est ça, et ça s'appelle l'opinion publique. Et l'opinion publique, c'est sacré ! chapeau bas, messieurs, devant l'opinion publique.

Il ne fallait pas renverser M. Thiers, parce que c'était contre l'opinion publique.

Nous devons rester en République, parce que c'est l'opinion publique.

La royauté est impossible : telle est l'opinion publique.

Henri V, c'est le gouvernement des jésuites : ainsi parle l'opinion publique.

Proclamer la monarchie serait une folie, parce que ce serait aller contre l'opinion publique.

Eh bien, moi, pauvre canut, qui n'entends rien à toutes ces finesses de bavardage, je demanderai aux grands messieurs qui écrivent en bon français, qu'est-ce que c'est que l'opinion publique. Voyons, quand est-ce qu'une idée devient vraiment une opinion publique ? et puis quelle est la valeur de l'opinion publique ?

Un proverbe dit qu'il y a autant d'opinions que de têtes ; quelle est la bonne ? quelle est la publique ?

Et parmi les journaux, quel est, je vous prie, celui qui a la publique ? Est-ce le *Progrès*, ou bien le *Salut*, ou bien le *Petit Lyonnais*, ou bien la *Décentralisation*, ou bien le *Courrier*, ou bien le *Sifflet ?*

Et quand un journal change d'opinion toutes les fois que son rédacteur change de chemise, quelle est la meilleure ? et surtout quelle est la publique ?

Allons donc ! tenez, je vais faire un blasphème, mais tant pis ! je ne trouve rien de bête depuis quelque temps comme ce qu'on appelle l'opinion publique.

Pendant vingt ans l'opinion publique a dit que l'empereur rendait la France invincible ; pendant douze mois l'opinion publique a gueulé : à bas Badinguet ! et depuis six mois les amis du petit Bonaparte se vantent d'avoir pour eux l'opinion publique.

L'opinion publique, quoiqu'on l'ait nié après par un gros mensonge, était pour la guerre contre la Prusse ; l'opinion publique voulait aller à Berlin ; l'opinion était pour Bazaine, pour Gambetta, pour Trochu, pour Garibaldi, pour Thiers. L'opinion publique était contre la *Commune;* aujourd'hui elle est contre les *Versaillais.* L'opinion publique était pour Rochefort le déporté, pour Ranc le condamné, contre le Pape qui n'a fait de mal à personne. L'opinion publique était forcenée contre Bismarck ; aujourd'hui les plus gueulards sont pour lui. L'opinion publique a refusé Rémusat à Paris ; elle vient de l'acclamer à Toulouse... et ainsi de suite. Si c'est ça qu'on appelle l'opinion, eh bien ! à votre aise. Pour moi, je l'appelle le cancan public, le haut-mal public, la bourde publique, la farce publique, l'escamotage public.

Et si c'est là-dessus qu'on veut bâcler un gouvernement, eh bien ! qu'on monte prendre modèle à la Croix-Rousse ; à la vogue il y a tout un ba ta clan de farces et de guignolades.

Ce sera le règne des grippe-sous et des attrape-nigauds, et les sujets ne manqueront pas.

Mais alors, de grâce ! qu'on fasse porter le bon sens à l'Antiquaille.

L'APPEL AU PEUPLE

22 octobre 1873.

Encore une farce! Je veux parler de l'appel au peuple. Vous avouerez que si depuis quatre ans nous n'avons pas encore trouvé l'âge d'or, ce n'est pas faute de grands mots. L'appel au peuple, la souveraineté du peuple, le bonheur du peuple, la liberté du peuple, la fraternité du peuple, ont assez fait de bruit et noirci de papier. Si du moins ça donnait du pain ! Mais, oui, il s'agit bien de ces détails. Va, pauvre peuple, dresse-toi sur tes sabots, hume l'air avec orgueil, parce que tous les échos répètent ton nom ; contemple avec espoir ces journaux, ces affiches, ces décors, ces drapeaux où l'on a écrit en grosses lettres ta liberté : c'est tout ce que tu en auras.

C'est comme ça qu'on prend les alouettes, pauvre peuple : un miroir et une ficelle, voilà l'appel au peuple.... je veux dire, aux alouettes.

Ces grands appels ont toujours été le truc de ceux qui ont voulu droguer leur monde et cacher leurs sottises. Comme aussi les grandes élections, les grandes levées en masses, les grandes acclamations populaires. Parbleu ! ce n'est pas malin : personne n'y comprend rien. On a déjà tant de peine à se connaître entre voisins, et c'est si souvent qu'on se trompe, même quand il s'agit de nommer le simple bureau d'une Société de secours mutuels. Comment voulez-vous qu'un tisseur, qui a bien assez à faire chaque jour de tirer le diable par la queue, connaisse la valeur politique de Monsieur un tel qui demeure à Paris, ou de Monsieur chose exilé en Belgique ? ou d'un petit

Bonaparte qu'il n'a jamais vu, ou d'un Thiers qui ne lui a jamais payé pot ?

Comment saura-t-il distinguer au juste la nuance du centre gauche et du centre droit, de la gauche modérée et de la gauche radicale ?

Allons donc, farceurs ! vous ne demandiez pas tant l'appel au peuple après Sedan et Metz, après la dégringolade en Suisse et la Commune, après Gambetta et les otages. Vous l'avez grisé, votre peuple, de balivernes et de mensonges, et maintenant vous espérez qu'il ne se souviendra plus.

Le grand mot a été lâché : *Tout par le peuple et pour le peuple*, et l'on pense ainsi faire oublier et nos 300.000 soldats prisonniers, et nos milliers de canons pris, et nos cent drapeaux vendus, et nos vingt villes perdues, et nos 150.000 soldats morts par le fer ou par la faim.

On lui paie des banquets à ce peuple, et on lui serre la main à la lueur d'un punch ; mais on a bien soin de détourner ses yeux de cet autre punch au pétrole qui a grillé la moitié de Paris.

Encore une fois, farceurs ! qu'espérez-vous donc? Ah! je comprends! Jadis un certain Pilate fit aussi un appel au peuple. Les bavards et les écrivassiers de l'époque montèrent le coup et on vota pour un coquin. Est-ce ça que vous voulez ?

Il serait temps cependant que le peuple comprît vraiment ce qu'il fait et ce qu'il doit faire. Depuis le temps qu'on lui escamote son bulletin au profit de gens inconnus. C'est nigaud, de vrai ! et ça dure toujours, quand même.

Eh bien! d'abord il faudrait jeter au fumier tous les journaux frelatés. On le fait bien pour les melons, que diable ! et ils font moins de mal.

Et puis un moyen pour que le plus simple paysan sache pourquoi et pour qui il vote. C'est du b a ba.

Et qu'on connaisse si bien son homme, mais si bien, qu'on ne donne jamais sa voix à un citoyen auquel on n'oserait pas confier sa bourse.

Ce n'est pas à un tisseur à trouver la recette de ces sortes d'élections; mais il doit y en avoir une. Et qu'on la donne : ça presse.

LE QUATRE SEPTEMBRE

4 septembre 1874.

Je viens de retrouver, oubliés sous la poussière de mon placard, quelques journaux de la fameuse et triste époque — notez bien que nous sommes au *quatre septembre*; — j'ai voulu les relire, le dégoût me les a fait tomber des doigts.

Oh! ça fait mal au cœur de revoir ces noms, ces dates, ces vantardises, ces lâchetés, ces duperies, ces horribles catastrophes : Avant la guerre, Olivier, ce pur républicain, devenu cœur léger et humble serviteur de son *despote* d'autrefois;

Pelletan, Picard, Jules Favre, qui, sérieusement, il faut le croire, protestaient contre le militarisme, ne voulaient pour armée que le patriotisme et pour alliée que la liberté. Bavards!... Oh! Bavards!

Et puis l'Assemblée votant la guerre avec frénésie, quitte, plus tard, à faire retomber cette énorme bourde sur le dos de Napoléon !

Et Napoléon lui-même, partant en guerre avec les boutons de guêtre du maréchal Lebœuf; et rien dans la cervelle, ni dans les arsenaux;

Et, pendant la guerre, ces dépêches stupides qui nous parlaient de la pluie, qui chaque matin chantaient victoire, et le soir nous faisaient pleurer.

Ces journaux bêtes et menteurs qui, après avoir avachi et abêti la France, exploitaient ses malheurs au profit de leur caisse;

Et puis Sedan!... et tout aussitôt une volée d'avocats, de médecins et d'apothicaires qui s'abat sur les porte-feuilles ou s'en va nicher dans les préfectures; des crève-faim qui se couturent de galons, des faillis qui portent des décrets, des polissons transformés en agents de police, des gredins qui passent millionnaires pendant que nos soldats attendent leurs souliers... les pieds nus dans la neige. Oui, Gambetta, un ministre de la guerre! oui, Jules Favre, un diplomate! Ne riez pas, je vous en prie. Et Challemel, un préfet! et Andrieux, un procureur!

Et tout ça! petits et gros, borgnes et boiteux, républi-cains dans l'âme, démocrates pur sang, la fleur du crû, le dessus du panier.

Oh! grand Dieu! est-il possible que nous ayons traversé de tels coupe-gorge! Empire et république, république et Empire, deux ignobles comédies, où l'on jouait notre ruine et où dansaient nos écus. Est-il possible que nous ayons vu tout ça de nos yeux, et que nous n'ayons rien appris! Mais rien! Mais rien!...

Canuts, mes chers canuts, où donc est votre vieux bon sens? Vous qui avez tant crié : à bas Badinguet! et vive la fraternité! je vous trouve aujourd'hui, les uns très tristes, et les autres très gais; pourquoi, s'il vous plait? Tristes! ah! je comprends : vous pensez au blanc-bec de Woolvich. Gais, vous autres? Je comprends aussi. C'est pour fêter la sainte république que vous avez dépecé force melons, sucé le petit bleu et éventré quelques saucisses. Grand bien vous fasse, mes bons benêts. Après tout, les charlatans auraient bien tort de ne pas vous exploiter, puisque vous leur gardez une si belle reconnais-sance,

Pauvre Croix-Rousse! c'est donc bien vrai! partagée entre Bonaparte et Gambetta! Voilà bien votre œuvre, messieurs les bavards du club et de la presse : votre poison quotidien porte ses fruits. Et vous, maintenant, singes de l'Empire ou de la république, Bertrands rouges ou tricolores, consolez-vous : il y a encore pas mal de Ratons pour vous tirer les marrons du feu.

LES JOURNAUX LIBÉRAUX

28 septembre 1874.

Le vénérable *Salut public* n'a pas encore daigné répondre à votre pauvre canut des Pierres-Plantées, et lui expliquer la différence qu'il y a entre un catholique, un ultramontain, un fanatique et un clérical.

Je devais bien m'y attendre, certes! Quand on tient une plume d'oie comme les écrivains de ce cher *Salut*, on ne la prodigue pas à tout venant, et quand on a le bonheur d'écrire dans la politique à grand fracas, on ne s'abaisse pas jusqu'à regarder si l'on ne foule pas du pied ce petit insecte qui s'appelle ouvrier.

Mon bourgeois, à qui je m'en plaignais, — il est lecteur et actionnaire du *Salut*, c'est tout dire — a eu un mot superbe de dédain : « Le lion ne s'amuse pas à attraper des mouches, » m'a-t-il dit, campé derrière son faux-col.

—Ah! bon! que je lui repique, je ne suis pas assez grosse bête? Eh bien, j'aime autant comme ça, et n'en parlons plus. Ah! vous croyez être fin parce qu'on vous débobine de grands mots, dont vous savez tout uniment l'orthographe, sans vous inquiéter de ce que ça veut dire. Allez-y gaiment, bon bourgeois, avalez, avalez les huitres que vous sert chaque matin la cuisine du *Salut*, et je veux bien que l'âne de la mère Bibost soit mon père si au bout de l'an il vous reste de bon sens la moindre miette.

Quant à vous, Monsieur l'écrivain de ce même *Salut, public*, vous qui paradez dans l'article de fond, qui à grands coups de mirlitons criez, jugez, tranchez, vous moquez, raillez, abimez ceci, cela, sans savoir pourquoi ni comment, vous faites une mauvaise action.

D'autres travaillent à moraliser le pauvre monde au moyen de l'*Œil crevé* et de la *Femme qui se grise;* vous n'avez rien à leur envier, et vous réussirez comme eux.

Seulement ne venez plus vous plaindre de la décadence et faire l'hypocrite avec vos petits sermons de morale; quand on est marchand de paroles, on n'a pas le droit de prêcher.

On a tout au plus celui de parler pour ne rien dire, afin d'amuser ceux qui veulent lire sans rien apprendre.

Et, pour en venir à la question, j'ai l'honneur de prendre mes gants et de vous dire pour la troisième fois:

Vous soutenez les catholiques de Prusse et de Genève, et vous combattez ceux de France; quelle différence entre les uns et les autres?

Vous vous vantez d'être catholique et non ultramontain; quelle différence encore?

Etes-vous pour Bismarck ou pour le Pape?

Qu'est-ce qu'un fanatique et un clérical?

Mettez, s'il vous plaît, les points sur les *i* et n'oubliez pas, vous les hommes de la science et du progrès, de la lumière et de la civilisation, qu'en parlant clairement vous rendrez service à un tisseur désireux de s'instruire.

LE SUFFRAGE UNIVERSEL

7 octobre 1874.

C'est une drôle de chose que nos élections, et, pour mon compte, j'admire ces tas de benonis qui s'en vont redisant partout que notre sauvation est dans le suffrage universel. Ah ! oui, de vrai ! la fameuse drogue !

Il nous a fabriqué de singuliers mamis, votre suffrage : Des Ranc, des Pirodon, des Crestin et des Ballue, sans compter les Chapitet et les Durand.

L'autre jour je rencontre M. Chevalier, un grand bon garçon, qui dans toute sa vie n'a pas plus fait de mal que Pirodon n'a fait de bien.

« Sans vous commander, bourgeois, que je lui dis, est-ce vrai que vous vous portez aux élections de dimanche ?

« — Vous vous portez, n'est pas le mot, qu'il me répond, c'est-à-dire qu'on m'y porte, et je laisse faire.

« — Alors, que je lui repique, vous êtes un déporté de 48 ?

« — Pas le moins du monde, Dieu merci !

« — Ou bien vous avez quelques dettes à raccommoder ?

« — Mais pas davantage, au contraire.

« — Ah ! je comprends, vous avez passé à la correctionnelle avec quelque demi-douzaine de mois de prison ?

« — Moi ? par exemple ! Pour qui me prenez-vous donc ?

« — Rien de tout ça? Rédacteur du *Petit Lyonnais*, alors?

« — Encore moins !

« — Libre penseur ?

« — Nullement !

« — Et vous voulez passer ? Eh bien, mon cher patron, vous ne savez pas le métier de candidat, et j'ai l'honneur de vous dire que vous vous mettez le doigt dans... le scrutin, mais jusqu'au coude.

« — Et M° Forest, votre camarade de liste, qu'est-il donc ?

« — Mais, un brave homme.

« — Et bien, dites-lui de ma part qu'il est flambé. »

Et de vrai, ces deux pauvres vieux ont eu 673 voix contre les 5.000 de Pirodon et de Milleron.

Aussi, il faut voir comme nos cramoisis sont contents ! En ont-ils vidé des pintes, lundi soir et même mardi matin. Pour eux, une élection vaut mieux qu'une bonne récolte et que cent mille commissions de taffetas.

« Cette fois, nous les tenons, disait malicieusement un de ces grelus, en me passant contre.

« — Oui, pauvres gones, vous les tenez, mais pas encore, les cailles rôties. Je me rappelle qu'en 70, vous les teniez aussi ; vous avez beuglé à tous les coins de rue que tous les prolétaires allaient rouler carrosse et se bourrer de pièces de cent sous. Et voilà quatre ans de ça, et vous trainez la grolle quand même.

« Allons donc, grosses bugnes ! »

UNE TOURNÉE DE VOGUE

16 octobre 1874.

Je viens de faire comme papa Thiers une tournée politique ; et pas loin, nom d'un rat ! sur le boulevard, ni plus ni moins, à travers les baraques de la vogue.

« Viens, Charles, que je dis tout à l'heure à mon cadet, tu vas commencer ton apprentissage des choses de ce monde et de la politique. C'est bien temps, cristi ! et m'est avis qu'à quinze ans un gone de Lyon doit savoir fumer, nager... et politiquer.

« Non pas, entends-tu bien, que je veuille t'embringuer dans ce margouillis de bavardage, mais à seule fin, au contraire, que tu ne t'y laisses jamais pincer le bec.

« Or donc, ouvre tes deux quinquets et commençons le b a ba de la chose :

« Voici d'abord une grande mécanique qui a une perche au milieu. Ça s'appelle un cirque ; retiens bien ce mot. Là dedans, bêtes et gens, tout saute, tout danse, tout cabriole, et hardi donc !... et la musique par-dessus. Ça représente le monde, où il y a aussi pas mal de bêtes qui amusent les autres et vivent à leurs dépens.

« Tu as compris, hein ? Faisons deux pas et regarde. Voici maintenant des gones qui apinchent quelque chose au fond d'une boutique et y flanquent des coups de fusil, d'arbalète ou de pistolet. C'est là, mon pauvre belin, que la jeunesse apprend à casser sa pipe, quitte à faire payer les morceaux par les créanciers.

« Mêmement que cette manigance a encore une autre

signification. Tu vois qu'il y en a beaucoup de ces petites cambuses ? Et bien ! à cette occasion on dit que Bismarck trouve que ça a l'air d'un armement déguisé contre la Prusse, et qu'il va envoyer un note chromatique... pardon ! diplomatique, à M. Ducros.

« Assez là-dessus, passons plus loin. Nous voilà devant le musée aux marionnettes. Tu sais que dans les guignolades plus la frimousse des poupées est bête, mieux ça réussit et plus ça gagne d'argent ? C'est le même truc pour le suffrage universel, et ceux qui ont une figure honnête sont sûrs de tomber sous la tavelle des vilains. Tâche moyen, s'il te plait, de ne jamais fourrer ton nez dans ce bazar. C'est de la drogue.

« Regarde maintenant là-bas cette espèce de grand parapluie où tournent les chevaux de bois. C'est franc l'image du progrès ; pas le Progrès à M. Ballue, l'autre. Examine voir ce manège : vous partez ventre-à-terre, qui sur un cheval, qui sur une banquette, qui sur le croupion d'une autruche ; vous filez, vous brûlez le pavé, grimaçant des ailes de pigeon aux rétrogrades qui se piquent sur le trottoir à vous regarder passer... Et... bonnes gens ! en résumé vous n'avez fait que tourner autour d'un soliveau et... vous redescendez benêts comme devant, ni plus ni moins. C'est le *progrès !*

« Ecoute moi ce dzig ! boum ! C'est le charlatan. D'aucuns s'étonnent que de tels farceurs trouvent encore des badauds qui leur crachent des gros sous ; n'empêche pas que c'est toujours pour eux qu'on vote.

« Attends, Charles, baisse un peu les yeux : nous sommes devant une grosse femme qui montre ses mollets. Il ne faut pas que ça te surprenne ; car, vois-tu, mon pauvre cadet, aujourd'hui on en fait le commerce, et dans tous les théâtres on met en montre ce gibier-là. Il y a aussi la taxe et des catégories. Soit dit en passant, et n'y mets jamais les pieds.

« Quant au musée anatomique, c'est une boucherie de viande humaine ; et si l'on a des yeux, on n'y rentre pas... à moins d'être un Peau-Rouge ou un anthropophage...

« Nous voilà quasi au bout de la foire et, si tu es de mon avis, au lieu de rigoler avec les nigauds qui font filer leurs épargnes de la semaine, nous allons emporter, toi, cinq ou six livres de marrons, moi, deux ou trois bouteilles de vin blanc et nous croquerons ça en famille.

« Entendu ! Allons, viens, mon garçon, et rappelle-toi bien que le monde et la politique, c'est comme une grande vogue de la Croix-Rousse, c'est une grande usine de dégraissage... pour les porte-monnaie. »

PAUVRES BELINS !...

10 mars 1875.

On a touché la corde sensible, et voilà le bon *Salut public* dans des émotions faciles à comprendre. S'imagine-t-on, en effet, qu'on s'en vienne puiser dans la poche de ces vénérables grassouillets de bourgeois pour payer les bêtises des galapians de la Commune ? Des centaines de mille francs qui vous sautent au cou, là, pauvres belins ! de vrai, que ce n'est pas drôle. Mais, en bonne vérité ! il faut bien qu'on les paie, ces dégâts, et où voulez-vous donc qu'on prenne ? Où trouverez-vous, maintenant, les pillards de couvents, les profanateurs d'églises, mobiles, gardes nationaux, voyous, garibaldiens et autres ? Et quand même vous les pinceriez, qu'ont-ils au gousset ?

Alors, vous savez, quand il n'y a rien chez ceux qui ont fait des briques, on les fait payer par ceux qui ont laissé faire; et à ce compte-là, messieurs les queue-de-morue, vous ne l'avez pas volé.

« Bah ! disiez-vous, enchâssés dans vos jolis fauteuils, qu'on déniche les curés et les capucins, ce n'est pas notre affaire. Attendons pour bouger qu'il y ait péril pour notre argenterie et nos billets de banque. » Qui sait même si ces diables de curés ne gênaient pas un tantinet votre petite existence ? Hein ! Oh ! mais, vrai ! sans rire ! Mettez-vous la main à l'endroit du cœur. Il y avait même tels bourgeois cléricaux qui ne valaient pas mieux pour vous que des capucins. Alors, ça va de soi, les camarades rouges s'en sont payés, et maintenant il faut payer la coche. Et ça vous étonne, braves gens ? Mais c'est tout naturel. Et nous, pauvres canuts, qui ne savons parler qu'un mauvais français et chiffrer nos quatre règles, nous avons cependant assez de comprenette pour savoir que c'est toujours la ville qui répond de la casse.

Bien fait ! ça vous apprendra !

Cette leçon vaut bien un fromage, sans doute. Oh ! ça vous apprendra, qu'est-ce que je dis là, grosse bugne ? ça ne vous apprendra rien du tout. Et voilà déjà mon *Salut public*, le plaignard de *Salut public*, qui caresse le blanc de l'œil à Gambetta, qui vote avec Challemel-Lacour, qui demain embrassera Barodet et Andrieux.

Petits ! petits ! c'est moi qui vous le dis : vous avez la mémoire courte, et vous êtes quasiment borgnes des deux quinquets.

Ah ! vous voulez y revenir ? à votre aise ! Mais ça va cuire, et avec les mêmes marmitons vous aurez la même sauce. Après, il faudra encore payer, et gare à vos boursicots ! Mais ne venez plus vous plaindre.

Comme on fait son lit, on se couche.

ON N'Y COMPREND PLUS RIEN...

26 novembre 1875.

Ne vous offusquez pas de mon nouveau langage et du titre non moins nouveau que je vous donne aujourd'hui. On s'est scandalisé de notre tutoiement, et le ton de familiarité que je me permettais avec M. Paul Tick ne sied point, m'a-t-on dit, à un journal qui veut être sérieux.

Aussi, voyez avec quel soin je lèche mes phrases. Et j'ai tellement, tellement envie de plaire, que si on pouvait grasseyer en écrivant, j'essaierais.

Ainsi va le monde. Pour réussir il faut à tout prix se mettre en montre ; les pieds vernis, un binocle en sautoir, la raie au milieu du front, les cheveux bouclés, des breloques sur le ventre, une bague à chaque doigt, des manchettes empesées, la bouche en cœur et du miel au gosier...

Ah ! pardon ! j'y reviens malgré moi. Quand on a été élevé bonnement, simplement, voyez-vous, il en coûte de quitter son vocabulaire d'enfance pour enfiler des mots qui n'en finissent plus et où on ne comprend rien.

Autrefois je disais *papa* tout court, aujourd'hui il me faudra écrire *l'auteur de mes jours*.

Autrefois je *parlais* de mes *enfants*, aujourd'hui je dois *gloser* sur ma *progéniture*.

Autrefois un commis signait : *Votre tout dévoué* ; aujourd'hui il vous envoie sa *considération très distinguée*.

Si j'y comprends un mot, à cette considération-là, je veux bien que l'âne de la mère Bibost... Mais chut ! ne retombons pas dans l'ancien style. On me donnerait sur les doigts.

Jusqu'à de simples veloutiers qui se mêlent d'enfourcher Pégase. Oui, on en voit qui posent avec un aplomb qui n'est égalé que par leur bêtise.

Hier, j'entre chez un voisin — *très distingué* puisqu'il sait lire dans le *Progrès* — mais, entre nous, une cervelle creuse comme une poupée de modiste.

« Hé ! Bonjour l'ami, lui dis-je gaiement, comment va ?

« — Enchanté de votre visite, Monsieur Baptiste, me répondit-il, j'ai bien l'honneur de vous saluer. »

Interloqué par cet accueil maniéré, je me sentis froid au cœur, et je balbutiais quelques mots sur la pluie et le beau temps, c'est-à-dire sur la politique.

« — Hé bien ! que dit le *Progrès ?* sommes-nous bientôt à la revanche ?

« Ne vous moquez pas, Monsieur Baptiste, nous l'aurons ; et l'Alsace et la Lorraine seront sauvées.

« — Avec quoi, s'il vous plait ?

« — Par la *démocratie française.*

« — La démocatie ?... Mais...

« — Elle est invincible, Monsieur, et le *libéralisme contemporain* aura raison de tous les *absolutismes.*

« — Comprends pas, vrai !

« — Berlin a deux idées, deux ambitions : l'une noble et grande, l'autre *dominatrice...*

« — Brrr ! ! la *dominatrice,* s'il vous plait ?...

« — C'est d'abaisser la race latine.

« — La race latine ?

« — Et si le *cléricalisme* nous envahit encore, Berlin réussira. Mais la *démocratie* veille et le jour viendra...

« — Bon ! bon ! on sait ça. Et l'ambition noble, la grande idée de Berlin?

« — C'est d'abattre le grand ennemi de la *liberté des peuples.*

« — Et cet ennemi ?

« — C'est le *Jésuitisme !*

« — Alors Bismarck et Guillaume...

« — ... Sont les champions de la *régénération civilisa-trice.*

« — Ouf, tenez, mon cher, finissons-en. Je suis un ignorant, un crétin premier numéro. A preuve, c'est que je n'y vois goutte à tout cela. Pourriez-vous m'apprendre le b a ba de la *civilisation ?* ... Expliquez-moi un peu les mots que je n'ai pas compris.

« — Lesquels ?

« — *Libéralisme, cléricalisme, démocratie, régénération, civilisatrice, jésuitisme, dominatrice, absolutisme.* Allons, commençons par le premier. »

Il resta bouche béante. Je m'y attendais. D'autant plus que ce fameux *libéral* bat sa femme comme plâtre.

LA PROCLAMATION DE BAPTISTE

6 janvier 1876.

On vient de tirer les Rois chez le père Baptiste, et c'est votre serviteur qui a eu la chance de gober la fève.

Ma foi ! vrai, que ça ma rajeuni ; j'ai bu et chanté comme un garçon de vingt-cinq ans, et c'est tout ému encore de cette folle gaîté que je viens vous griffonner mon boniment avant de me mettre au lit.

Ne m'ont-ils pas provoqué à faire une proclamation royale à mon avènement ? Pauvres gens qui croyaient me pincer comme ça à l'improviste ; je vous leur ai débité mon baume comme un vieux député, et je gage bien qu'il y en avait la valeur de trois colonnes d'un grand journal à quatre sous.

« Mes amis, leur ai-je dit, puisque par la grâce d'un haricot me voilà roi de l'atelier et des soupentes, sans compter la cave et le garde-manger, je tiens à honneur de vous faire part de mes opinions politiques, à seule fin que vous connaissiez bien le particulier que vous avez mis à la tête de votre gouvernement.

« Aussi bien, voici venir le temps des affiches : à propos de sénateurs et de représentants on va badigeonner les six arrondissements avec des papiers de toutes couleurs ; on va lâcher dans les clubs tous les robinets de la blague ; on discutera au théâtre, au cercle, chez Fredouillère et chez Casati, à la ville et à la campagne, etc., etc. ; enfin, quoi ! c'est le moment de parler ou jamais. Puis donc qu'on peut parler, parlons.

« D'abord, les amis, maintenant que je suis au pouvoir, je vois un peu de près les ficelles de la mécanique, et si j'ai un conseil à vous donner, c'est de prendre garde à toutes ces affiches qui vont faire courir les badauds.

« Entre celles des candidats et celles des pharmaciens, des marchands de chocolat et des fabricants de liqueurs, il n'y a pas grande différence. C'est de l'*extra-fin*, du *superfin*, du *merveilleux*, de l'*extra-supérieur* ; c'est le *grand bon marché*, c'est le *grand rabais*, c'est *tout pour rien*, et ça guérit tous les maux.

« Défiez-vous de tous ces placards : il n'y a que vantardise, bavardage, duperie, et pas un mot de vrai, pas même la couleur.

« Ne regardez pas tant l'affiche, et regardez un peu mieux l'individu.

« Ne lisez pas tant son écriture, mais tâchez moyen de connaître sa vie.

« Et ne confiez jamais la France, notre chère France, à ces mains qui savent mieux écraser un verre d'absinthe que respecter la poche d'autrui ou la fille de leur prochain.

« Laissez les médecins à leur médecine, les commis à leur bureau, les tisseurs à leur navette, les avocats au palais de justice, les cabaretiers à leur comptoir, Barodet à son école et Jules Favre à son ménage.

« Ils vous apporteront tous leur recette pour sauver le pays, avec force promesses et recommandations ; rappelez-vous la Commune, les dégâts de Caluire et les dettes de la ville. Tout ça, voyez-vous, c'est comme les biscuits de l'autre, ça tue les enfants qui ont des vers.

« Ces tristes gens-là n'ont jamais pu passer à l'Hôtel-de-Ville sans faire doubler les impôts.

« Et maintenant, quant à la forme du gouvernement, je serai clair et pas trop long :

« A mon avis, il n'y en a que deux possibles : une *bonne* République ou un Roi légitime.

« Qu'on ne me parle pas des d'Orléans, il n'y en a plus ; ni des Napoléons, ce sont des intrigants, et, soit dit entre nous, ils ne sauront jamais relever le pays. Il paraît que c'est de famille.

« Je dis donc une *bonne* République ou un Roi légitime. Oh ! mais une vraiment *bonne* République, avec un gouvernement franchement honnête, des députés honnêtes et sénateurs *idem*.

« Et croyez-vous qu'on. trouve ça facilement ? pour mon compte je ne le pense guère. Il n'y a pas de gouvernement où il faille tant de gens honnêtes. et il n'y en a pas où il se faufile plus de filous. A preuve, i·.4 septembre.

« Et vous allez voir encore dans quelques semaines de jolies élections. Ce sera du propre !

« Ils s'imaginent avec leur suffrage universel faire de

la bonne politique. Farceurs, va ! Tous les *charlatans* sont bien sûrs de passer. Ce n'est pas le nombre qui fait, c'est la qualité ; et le gros bon sens vous dit clair comme deux et deux font quatre, qu'un tombereau de marrons gâtés ne vaut pas un quarteron de bonnes châtaignes.

« Cela prouvé, que reste-il ? Un roi, un roi légitime ; mais on n'en veut pas. Il est trop *honnête*, dit-on. En vérité, le peuple est incroyable ! Aurait-on jamais cru que les Français, qui ont crié aux quatre vents, après Sedan, que l'Empire avait été une *entreprise de filouterie et de mensonges*, refuseraient un Roi parce qu'il est trop honnête ?

« Mes amis, dire d'un roi qu'il est trop honnête, c'est dire de ceux qui n'en veulent pas qu'ils ne le sont pas de reste. Voilà mon opinion.

« Et pour l'appuyer, je la signe de ma royale main. »

« Donné en votre palais de la rue du Mail, le premier et dernier jour de notre règne, en l'an 1876.

LES CANDIDATS AU SÉNAT

28 janvier 1876.

Il y avait une fois, par là-bas, du côté du Midi, dans un endroit qui s'appelle la Grèce, je crois, un comédien qui imitait à s'y méprendre le grognement du... cochon, parlant par respect.

Oh ! mais d'une imitation parfaite, tout comme Jules Favre imiterait un honnête homme.

A ce point même que, sur le théâtre, où il grognait avec un autre comédien muni d'un véritable porc sous son manteau, il trompa entièrement le public, et passa pour être le vrai... cochon, toujours sauf votre respect.

Or, nous voici, paraît-il, revenus à cette singulière comédie : on grogne tant et tellement de partout la *liberté*, le *progrès*, les *conservateurs*, que le public tombe dans le panneau comme les anciens Grecs et prend pour de vrai ce qui n'est que de la farce.

Avez-vous lu la farce du *Loup devenu berger ?* C'est tout à fait ça ; ça tombe à pic sur la situation. Oh ! si j'avais le temps de vous la remanier un peu ! Mais il y a trop de loups, elle n'en finirait plus. Mieux vaut dire un petit mot sur chacun en particulier.

Prenons donc dans notre cher *Petit Lyonnais* ceux qui grognent le plus fort et tâchons de leur enlever seulement la première peau :

CANDIDATS AU SÉNAT

Adoptés par les *Radicaux-Conservateurs* du Rhône

Dieu ! quel joli mélange !

CHAVANNE. — Docteur, pas toujours farouche contre la religion. Courbe souvent le genou devant Chapitet, mais jamais devant le pouvoir despotique de l'Être Suprème.

GAILLETON. — Encore un médecin, médecin des fous, pourra rendre de grands services à la démocratie.

CARLE. — Veut que la pensée soit libre, mais pas dans les écoles des Frères. Demandera la séparation de l'Eglise et de l'Etat... séparation de corps, sans doute.

PIRODON. — N'entend pas être inamovible au Sénat, se réserve pour la députation. Habite par là-bas dans le quartier des Tapis avec femme et enfants. Aime la République par système, *la chiffre* par état, et son curé par distraction.

MILLAUD. — Un juif, dit-on, assez riche pour payer plus tard les pots cassés. Tant mieux pour ceux qui payent impôt ! Ça pourra leur servir.

VALENTIN. — Ancien préfet. S'est sauvé des Prussiens à la nage ; ne se sauvera pas si facilement des rouges. Va être porté en triomphe par ceux qui lui tiraient dessus en rue de la Guillotière, au 30 avril.

CRESTIN. — Ancien élève des curés, cousin d'un curé à qui il disait en 1871 : « Pour me débarrasser de cette clique, j'accepterais volontiers une Préfecture, même en Algérie. »

VARAMBON. — Toujours ce Varambon, cet ex-bonapartiste, qui faisait de l'opposition par l'ordre du gouvernement impérial. Est-ce drôle, tout de même !

RASPAIL. — La vénérable barbe blanche. Passe sa vie à salir les prêtres, et voudrait les marier ensuite. Mange de meilleurs morceaux que ses électeurs, mais très désintéressé de fait, et n'attend que la mort pour se dépouiller de tous ses biens.

FLOTARD. — Jeté au Rhône par Rosenfeld, où il pourra flotter à son aise. C'est bien fait.

Jules FAVRE. — Le dessus du panier. Le bouquet de la république honnête. A vécu quinze ans avec la femme d'un autre. a fait inscrire faussement ses enfants sur les registres ; s'accuse devant Dieu, parce qu'il croit qu'il n'y en a point, devant les hommes, parce qu'il les prend pour des benêts. Fin diplomate, dont une distraction a coûté le désastre de la Suisse, c'est-à-dire, plusieurs milliers de soldats tués, gelés ou morts de faim, 12.000.000 d'indemnité à la généreuse Helvétie, etc. Se pose candidat à la barbe de Bourbaki. Est accepté avec des bravos.

On dit que Ballue, Frénet, Durand, Guyot, Ferrouillat, Barodet et Castanier vont lui décerner le prix Monthyon.

A la bonne heure !

ÉPITRE AUX RURAUX

4 février 1876.

Allons, il faut en prendre son parti : nous voilà de nouveau entre les griffes des francs-maçons et des faiseurs de complots, tout comme sous l'Empire.

Toujours ça change, et toujours ça revient au même.

Les bons petits ruraux ont voulu faire comme leurs grands frères de la ville. Le peu de bon sens qui leur restait, ils l'ont sacrifié sur l'autel de la patrie... pardon !... sur le comptoir d'une cabaretière et ils ont voté en conséquence.

Très bien, les amis ! Nous saurons maintenant que plus de la moitié d'entre vous méritent de rester à la queue de leurs vaches.

Ah ! vous vous êtes moqués des Lyonnais quand ils ont élu Ranc l'assassin pour être député, et vous aviez raison. Aujourd'hui nous ne vous devons plus rien. L'autre dimanche nous n'avions qu'une voix, et vous en avez fourni 180 et quelques pour nommer un Jules Favre.

Un Jules Favre qui avait vécu quinze ans avec la femme d'un autre, etc... et qui n'a fait que des boulettes pendant et après la guerre.

En voilà du propre !

Et vous êtes cause que Lyon s'est déshonoré en organisant un triomphe à ce grand charlatan... à ce pauvre diplomate... à ce bavard incorrigible...

Oh ! mais, laissez donc ! Un bienfait n'est jamais perdu. Préparez vos boursicots ; car ça coûte, les républicains de cette trempe. Ah ! vous vous plaignez des impôts ?

Eh bien! vous avez parfaitement réussi. Tous ces gens-là, et Jules Favre en tête, n'ont jamais voulu de Chambre ni de Sénat où on ne serait pas payé... Et c'est vous qui paierez, bien entendu.

Tout comme ces finauds de Lyonnais qui hurlent contre la dime, et qui payent actuellement *trente-deux* francs de droits pour une bareille de vin qui se vendait autrefois *vingt* francs à peine... tout payé.

Quand je vous dis que nous avons de l'esprit... et que nous sommes un peuple intelligent!

Ah! bonnes gens de la campagne, vous aviez peur de vos curés, n'est-ce pas? Et vous avez voulu voter pour faire pièce à vos curés? Et vous êtes contents d'avoir fait une malice à vos curés?

Parfait! tirez bien à la cible sur vos curés; triomphez, petits maires orgueilleux; ricanez, jolis conseillers municipaux; applaudissez, docteurs de village!... Et si vous m'en croyez, débarrassez-vous de ces tristes curés, et mettez en leur lieu et place le sénateur Jules Favre. Vous verrez quelle honnête morale il sèmera dans vos ménages, et quelle innocente éducation il donnera à vos garçons et à vos filles.

Oui, faites-en un curé, un curé laïque et obligatoire. Gratuit... c'est une autre affaire.

Et, à ce propos, essayez donc de lui donner neuf cents francs par an, avec un casuel... de coups de langue, comme c'est l'habitude. Vous verrez.

Ces braves curés aussi, ils ne savent rien faire. Ils se mêlent de dire la vérité à tout le monde, même au magistrat, même aux municipaux et aux petits savants. Ils ignorent donc que nous sommes dans un siècle de comédiens!

Et maintenant, un petit conseil, permettez.

Faites-moi vite une petite faillite avant le 20 février.
ça presse; puis, tâchez de déshonorer une famille ou deux,
ça presse encore; faites-vous empoigner par un urbain
devant un étalage quelconque; en un mot, faites le plus
de sottises possible; rédigez-moi une proclamation topi-
que contre les cléricaux et pour les *laïques-obligatoires*...
avec un petit assaisonnement d'amnistie et de libre-
pensée; puis écrivez-moi en bas et en haut, en lettres
majuscules : VIVE LA RÉPUBLIQUE, suivi de trois points
d'exclamation. Affichez-moi ça ensuite sur toutes les
murailles de Lyon et des communes d'alentour.

Et si, après cela, vous n'êtes pas élu député par tous
les gens d'esprit du pays, je veux bien que le cheval de
bronze soit mon grand-père.

AVANT LES ÉLECTIONS

18 février 1876.

Tenez, franchement, je n'ai guère le goût de vous
écrire.

Après-demain l'on va voter; ça fait regret d'avance.
Je voudrais vous en parler et je ne le voudrais pas :

Millaud nous est inconnu, il n'a jamais rien fait pour
le quartier, hormis des discours et quelques affiches de
papier rouge.

M. Gillet, au contraire, a rendu des services à une
masse de gens, fait gagner le pain à plusieurs centaines
de ménages, a bâti des écoles et une salle d'asile, recueilli
pendant la morte du travail les pères de famille aux
abois, etc...

Eh bien! vous allez voir après-demain comme on est intelligent et comme on a du cœur.

« Vous, député, bon monsieur Gillet? et député de la Croix-Rousse ? Mais il vous manque l'essentiel : vous êtes trop sérieux, et pas assez charlatan. On dit que vous avez de si grandes cheminées ! Et l'égalité donc !

« D'ailleurs notre peuple a ses idoles à lui :

« Pour passer aux élections du Plateau il faut être, ou fou comme Lentillon, ou bavard comme Andrieux, ou malin comme Denis Brack, ou pédant comme Barodet, ou furieux comme Pirodon, ou bête comme... mais chut ! arrêtons-nous !

« Et vous n'avez rien de tout ça !

« Vous donnez beaucoup aux pauvres, bon monsieur Gillet ; c'est une erreur ; promettez plutôt, il n'y a que les imbéciles qui tiennent à leur parole.

« Et puis, vous pardonnera-t-on de n'avoir pas mis votre cocarde en rouge, vous, un teinturier ? Allons, vous ne savez rien faire et tout au plus réussiriez-vous à à être un brave et honnête homme.

« Voyez-moi donc Crestin, voyez donc Baudy, et Durand, et Ordinaire ; cela s'appelle savoir se retourner. Aussi bien ils ont l'avenir, les mâtins, et ils iront loin si rien ne les arrête ! »

Donc, en résumé, on va faire une bêtise demain ; on votera stupidement comme on a toujours voté, hélas !...

Et aussitôt dans toute la presse conservatrice, ou soi-disant telle, il y aura concert d'injures à l'adresse des *faubouriens*; on leur donnera les qualificatifs les plus affreux, les plus dégradants.

Les uns demanderont des lois contre la plèbe, les autres invoqueront un grand sabre pour mettre ces gens-là à la raison ; ils seront proclamés indignes du titre de citoyens..., traités de voyous, de communards....

Patience ! patience ! messieurs les ultra-conservateurs, et pas si vite, surtout. Le peuple vote mal, dites-vous ? A qui la faute ? Qu'est-ce qui lui a fait perdre la tête ? Vos écrivains du beau monde, vos avocats, vos jolis bourgeois du *Progrès*, vos Ordinaire qui ont des châteaux, vos Millaud qui ont des millions, vos Chavanne et vos Gailleton, qui certes ne sont pas de la plèbe, comme vous dites.

Et ce n'est pas avec des lois que vous retiendrez le peuple, pas plus qu'avec un grand sabre. Ah ! oui, le grand sabre de Napoléon a fait de beaux œufs, parlez-moi de ça ! A-t-on vu jamais marmelade sociale pareille à la débâcle qui a suivi Sedan ?

Pour ramener le peuple au bon sens — car il l'a perdu — il faut autre chose : il faut une autre éducation comme principe, une autre bourgeoisie comme exemple, d'autres écrivains pour la moraliser, d'autres libertés que celles de la débauche, et d'autres récompenses que le luxe et le plaisir.

Et on n'arrivera pas à cette renaissance du bon sens par l'instruction *gratuite laïque et obligatoire* donnée aux enfants; ni par la libre-pensée prêchée à la jeunesse, ni par nos théâtres sans pudeur et nos romans qui suent le vice à chaque page.

En suivant cette pente, qu'on le sache bien, et pour le deviner pas n'est besoin d'être un savant, on va tout droit à la bêtise universelle, et c'est là une gangrène à laquelle les gendarmes, la police, les armées permanentes, les bagnes et les prisons ne peuvent absolument rien.

APRES LES ÉLECTIONS

24 février 1876.

Je vous faisais, vendredi dernier, une bien triste prophétie.

« Après-demain, vous disais-je, on va voter; ça fait « regret d'avance... on votera stupidement, comme on « a toujours voté, hélas ! »

Et les lecteurs, de leur côté, accusaient le pauvre père Baptiste d'être un exagéré, un trouble-fête, un Cassandre...

Hélas ! j'avais raison, trop raison ; mais ça ne me console guère.

Je disais encore qu'on invoquerait bientôt un *grand sabre* ; c'est déjà fait. On chante ça en manière de refrain chez tous les poltrons qui prétendent couler doucement leur existence entre le lit, la cassette et le garde-manger.

Prenez garde, braves... gens, que le sabre ne *leur* tombe entre les mains, au lieu de *leur* tomber sur l'échine. Ce serait tout une autre affaire.

Ce n'est pas fort consolant non plus.

Je disais enfin qu'on *allait tout droit à la bêtise universelle.*

On y est ; la comédie de dimanche l'a prouvé, oh ! oui, vous êtes vengés, Croix-Roussiens. Du haut de la tour Pitrat, si elle vivait encore, vous pourriez contempler aujourd'hui vos immenses conquêtes : du fin fond de la Guillotière aux abattoirs de Vaise, des crêtes de Saint-Irénée à la colonne de Saint-Clair, c'est rouge comme en rue Pailleron.

Sans parler de la campagne, jusque là-bas, là-bas, et

de tous côtés... A tel point que dans pas mal de communes, où *tous* les hommes font leurs Pâques, on a donné les *deux tiers* des voix à Andrieux et Guyot qui ne veulent point de Dieu. Est-ce joli, ça hein ! Donc, Croix-Roussiens, mes amis, encore une fois, vous êtes vengés, on vous dépasse même. Et vous pouvez dire maintenant avec une *noble* fierté à tous les peuples qui traversent le xIxᵉ siècle :

« Regardez, nous ne sommes pas plus bêtes que les autres. »

Et de fait, vous n'auriez pas le premier prix.

N'être pas plus bête que les autres, de vrai, c'est consolant, mais d'une triste consolation.

Et le pauvre père Baptiste n'est pas gai du tout d'avoir deviné si juste. Il va aujourd'hui continuer son almanach de la bêtise humaine ; puisse-t-il se tromper.

O grand Mathieu de la Drôme, apprenez-moi vos secrets :

Du 25 février, nouvelle lune, au dernier quartier de la lune de mars :

Les jours croissent de 1 h. 45 minutes ;

Giboulées électorales, averses de niaiseries, trombes d'affiches et inondations ;

Ruptures des digues du Rhin, de la Seine et du Rhône, envahissements des bas-fonds... de la société ;

Grande dépression du baromètre intellectuel et moral ;

Forte marée vers le 8 mars, orages fréquents, agrémentés de plusieurs cyclones originaires de la Calédonie ;

Nuits fraîches, favorables à l'éclosion des escargots conservateurs ;

Par contre, abondance de dindons à crête rouge, prêts à les croquer malgré qu'ils se recoquillent.

Pousse de *feuilles* nouvelles, passage de canards et épidémie d'imbécillité ;

On dira des curés :

Qu'ils ont acheté Pirodon, Crestin, Baudy ;

Pirodon protestera qu'il n'est *ni vendu ni à vendre* ;

Que pour se venger des élections, ils vont amener les Prussiens, arrêter le commerce et accaparer les farines ;

Et le peuple avalera ces mensonges sans sourciller.

Certaine bourgeoisie, qui porte son Dieu vers le creux de l'estomac, disait d'Henri V :

Quand il vint à Chambord : « Que vient-il par là monter ses intrigues ? »

Quand il retourna à Frohsdorf : « Vieux mollasson, qu'il fasse donc comme Henry IV ! »

Avant la fameuse lettre : « S'il rentre, c'est la guerre civile. »

Après la fameuse lettre : « Avec deux couleurs de plus, il aurait fait notre affaire. »

Désormais on dira : « C'est lui qui est cause de tous nos malheurs. » Et ladite bourgeoisie le croira mieux qu'elle ne croit en Dieu.

O peuple, de haut en bas, tu es un peuple intelligent.

M. GAMBETTA

3 mars 1876.

Eh bien ! qu'en pensez-vous... de l'affaire ?

Ah ! si le vieux père Baptiste était un malin, il serait bien vengé aujourd'hui. Autrefois, il s'avisait d'aligner de temps en temps quelques coups de trique à certaine catégorie de bourgeois ; et les bourgeois de crier, de réclamer, de protester, de fulminer contre le malencontreux canut.

Et lundi passé, le pauvre canut avait raison. Oui, autour d'un Gambetta, surnommé le *fou furieux*, ancien avocat rapé, aujourd'hui pacha de première classe ; coude à coude avec les ex-comédiens du balcon de l'Hôtel de Ville, en 1870, étaient assis des négociants, des industriels, des docteurs-médecins, des professeurs du lycée, des millionnaires, des boutiquiers, des messieurs du Palais de Justice, etc. ; pas du menu fretin, comme vous voyez.

Donc, voilà bien mes carpillons de la bourgeoisie qui profitent de l'inondation pour quitter le milieu de la rivière et chercher aventure en pays radical. Allons, mes braves messieurs, vous serez *pris et frits;* vous comptez, sans doute, jeter les curés en pature à la bête rouge, et garder votre peau? Erreur : dans la poële révolutionnaire, les curés seront peut-être le beurre ; mais, pour le sûr, c'est vous qui serez le fricot. Avis au public, et attendons la fin.

Un mot maintenant à l'*illustre* Gambetta. Comme je n'entends pas grand'chose à tourner un compliment, je dirai d'abord :

M. Gambetta est un *menteur*.

Bien fâché, mais c'est ça. Il ne croit pas un traitre mot de tout ce qu'il a bavé contre les cléricaux; il a d'ailleurs trop d'esprit pour y croire. Prétendre que depuis cinq ans les curés ont *envahi la politique...*, c'est à peu près aussi vrai que l'histoire des armes cachées au Grand Séminaire... ou des cadavres de femmes découverts chez les Carmes par les héros de la garde nationale..., ou encore du commandant Arnaud fusillé par les Jésuites. Nous ne sommes cependant pas bêtes au point d'avaler de telles bourdes.

Je le répète donc : M. Gambetta est un *menteur :* Nous n'avons pas vu la France du haut d'un ballon comme lui, mais nous voyons de près nos curés, et nous savons que la politique du bon père Paret, de la Croix-Rousse, aussi bien que de ses confrères, consiste à vider sa bourse et à raccommoder les ménages et les consciences.

Et M. Gambetta est un *menteur.*

Si les évêques faisaient tant de politique, ils en feraient comme tant d'autres que connait M. Gambetta, ils grimperaient au Sénat, à la Chambre, aux préfectures, au ministère, aux ambassades, et les curés s'installeraient dans les tribunaux, aux mairies et à la police, voire même dans les bureaux où l'on manie les finances. Eh bien! où en voyez-vous? Cherchez bien, illustre Gambetta.

Donc, M. Gambetta est un *menteur.*

Et par conséquent sa République n'ira pas loin. Si M. Gambetta voit les choses comme il en a parlé, il est borgne au moral comme au physique, et il ne pourra faire qu'une République borgne, en attendant qu'elle devienne aveugle... dans le sang ou l'imbécillité, comme dit M. Thiers.

Et vous, citoyens républicains, qui avez fait jouer votre claque autour de l'illustre borgne, je vous l'ai prédit déjà : vous filez du mauvais coton. Vous allez faire la guerre aux cléricaux, n'est-ce pas? Très bien. Seulement, regardez un peu comme les bonapartistes se frottent les mains; vous faites leur besogne à la perfection.

Et puis les cléricaux sont des hommes tout comme vous, ils ont droit à la même liberté. Sans quoi vous petafinerez comme en 93 et en 48, entendez bien! entendez bien!!!...

Pour finir, quelques points d'interrogation au toujours illustre Gambetta :

Seigneur Gambetta, quand vous étiez ministre de la guerre, que vous faisiez des plans de batailles, combien avez-vous remporté de victoires ? Seriez-vous un orgueilleux *incapable ?*

Qu'avez-vous fait des 45 millions de l'emprunt Morgan ? seriez-vous un *farceur ?*

Pourquoi les soldats crevaient-ils de faim sous votre règne ?

Le petit Thiers vous a pardonné tout ça, n'est-ce pas ? Eh bien, je ne vous le pardonne pas, moi.

Vous ne faisiez pas tant d'embarras, il y a cinq ans !

LA RÉPUBLIQUE EN THÉORIE ET EN ACTION

31 mars 1876.

Cette fois c'est du sérieux ; la prose du père Baptiste a trouvé à qui parler, et il faut que je taille ma plume avec soin si j'ai tant soit peu souci de mon échine et de ma réputation.

J'ai là sous les yeux une lettre qui me donnera certainement du fil à retordre. Elle me vient non d'un libre penseur, mais d'un brave catholique, ouvrier tisseur, honnête tout plein, plus jeune que votre très humble, mais ferré en histoire et maniant la parole aussi bien que le bouton.

A cause de la différence d'âge nous nous disons *vous,* mais l'amitié mutuelle n'en est que plus forte. Souffrez que je lui réponde ; d'autres ainsi pourront en profiter.

« Mon cher camarade et ami,

« Quelques-unes de mes lettres au *Télégraphe* vous ont

agacé, je le vois, et entre deux poignées de mains vous
voulez une explication nette et franche. Adopté ! Causons
un brin.

« Vous venez défendre la République. C'est bien. Laissez-
moi vous dire d'abord deux mots ; car, je le crains, vous
me soupçonnez de certaines intentions malveillantes que
je n'ai pas, Dieu merci ! Vous vous déclarez républicain,
n'est-ce-pas ? Eh bien, je le savais, vous en ai-je moins
aimé et estimé ? Dites.

« Ce n'est pas la République elle-même que j'attaque,
ni les républicains tels que vous, mon brave ami. Donnez-
moi huit millions d'électeurs républicains de votre trempe,
et je crie aussitôt : Vive la République !

« Mais faut-il vous ouvrir les yeux ? N'avez-vous pas
deux oreilles ? Regardez donc, écoutez donc. Les élections
ne sont pas loin encore ; a-t-on jamais rien vu à Lyon de
plus écœurant, de plus stupide, de plus menteur, de plus
bête et de plus méchant ?

« Lisez-moi ces proclamations : de quel côté sont les
mots ronflants, les menaces, les mensonges, les exci-
tations mauvaises ?

« Entendez-les aux clubs ou à la Chambre, ces députés,
ces patrons de la prétendue République ; que laissent-ils
debout en fait de liberté ? Savent-ils respecter quelque
chose ?... Jusqu'à présent ils n'ont respecté que les
cabarets. Et du train dont ils vont, ne dirait-on pas
qu'ils s'apprêtent à les subventionner avec le budget des
cultes ?

« Et que veulent-ils donc encore avec leur démolition
de préfets et de sous-préfets ? Est-ce le bonheur du pays ?
Que fait au pays la couleur des préfets, s'ils sont honnêtes,
intelligents, capables et bons administrateurs ? Que m'in-
porte à moi les couleurs de l'arc-en-ciel de M. Welche,

pourvu qu'il protège, dans le département, ce qui est bon, honnête, moral et utile, contre les fous, les ivrognes, les voleurs, les débauchés et les assassins?

« A ce sujet, cher ami, vous me dites :

« Ce ne sont pas les journaux qui m'ont fait devenir « républicain : *j'en lis rarement;* c'est un temps perdu ; « les journaux sont insipides, et les écrivains qui se « croient les mieux avisés sont souvent les plus ridi- « cules. Je suis devenu républicain en *lisant l'histoire.*

« Les journaux, c'est vrai, ne remplissent pas ce qu'ils appellent leur *sacerdoce;* ils sont beaucoup plus empressés, pour la plupart, à remplir leur caisse et à pousser leurs hommes au pinacle. Mais pour se rendre compte des choses et voir la République à l'œuvre, il faut en lire ; l'histoire ne suffit pas, mon cher.

« Il nous faut une République, soit ! Mais il ne faut pas une République en l'air, théorique et rêveuse. Il la faut pratique, agissante ; et celle-là, malheureusement, il faut la connaître par les journaux, par les brochures et les livres de l'époque. Eh bien, lisez, mon ami, et vous m'en direz des nouvelles, de notre République en *action.*

« A cela vous répondez d'avance en disant dans votre lettre :

« Que tout le monde, au lieu de s'acharner à défendre « qui un Henry, qui un Orléans, qui un Bonaparte, se « rallie à la République et elle sera bonne. »

« Il y a ici, cher ami, une petite pointe contre moi, j'y répondrai plus tard.

« Mais le moyen, s'il vous plaît, de se rallier à la République? Vous êtes chrétien, je le suis comme vous. « Rien ne m'ébranlera jamais dans ma foi, dites-vous » ; ni moi non plus, je l'espère. Eh bien, là, franchement, y a-t-il moyen pour un vrai catholique de se rallier à la

République qui fonctionne à la Chambre de Versailles ?
ne voyez-vous pas quel ralliement on nous propose ? et
n'est-il pas clair comme le jour que si la machine parle-
mentaire ne casse pas en route, nous sommes destinés,
nous catholiques, à en graisser les rouages et à laisser
notre peau dans les engrenages ?

« Et quel mal leur fait notre religion ? quel crime
social peuvent-ils lui reprocher ? Le catéchisme est-il un
brandon de discorde et l'Évangile un livre d'écrou pour
Lambessa ou la Calédonie ? »

« Et cependant, parle-t-on de prière à cette fameuse
Chambre ! aussitôt on ricane. Nomme-t-on un député qui
ose se dire catholique ! on hurle et on lui ferme la porte
au nez, etc., etc. ; et vous savez les beaux projets de loi
qu'on y mijote pour ce printemps.

« Encore une fois, le moyen de se rallier à ce monde-
là, s'il vous plaît ?

« Aussi bien, vous avez raison, mon ami. « Cette
République ne durera pas », elle ne peut pas durer. Vingt
fois je le leur ai dit : vingt fois dans mes pauvres lettres
j'ai réclamé la République *pour tout le monde*, on continue
les taquineries, les impiétés ; on invente des tyrannies
nouvelles, on insulte de plus belle, et on se pavane à
outrance sur les tréteaux de la politique radicale ! Farce et
comédie ! Pauvres grenouilles, gonflées de votre soi-disant
majorité. La *grue bonapartiste* vous contemple.

« Heureusement, cher ami, ce n'est pas là votre république. Tant mieux.

« Au revoir. »

PLAINTES LÉGITIMES

12 mai 1876.

Votre tisseur, n'ayant pas la prétention d'être immortel — sans calembour et rien de l'Académie — s'est permis d'attraper une bonne grippe la semaine dernière, et n'a pu vous griffonner ses balourdises hebdomadaires. Vous l'en excuserez d'autant plus que vous n'y avez rien perdu, n'est-ce pas? Adopté sans discussion, et passons à autre chose.

J'ai le cœur gros, de vrai! et ne me sens pas le courage de vous parler, si ce n'est de nos tribulations. Si vous saviez; rien ne va sur le plateau, ni les façonnés ni les unis, les noirs ni les couleurs, et je vous laisse à penser combien il y en a parmi nous qui tombent dans la débine.

Aussi les taffetatiers ont tout le temps voulu pour organiser des parties de boules, et les dévideuses n'en manquent point pour faire des fricassées de langues. Si du moins cela vous donnait à manger! Mais, chut!...

Du moment que nous sommes en république, pas moyen de se plaindre. On est le peuple-roi, que diable! et ça vaut bien autre chose.

Entre temps, pour nous aider à crever de faim et comme si on manquait de bras dans la canuserie, on ne parle ni plus ni moins que de nous ramener les mange-tout de la Calédonie.

Ah ça! dites-donc, là-haut à Versailles, si vous commenciez par nourrir les citoyens de la patrie avant d'en aller chercher d'autres là-bas, où ils peuvent si bien gagner leur vie!

Sans compter que ces gens-là, dit-on, ont l'habitude d'écorcher leur prochain pour en faire des saucisses ! Est-ce que nous ne sommes pas déjà assez écorchés comme cela ?

Que faut-il de plus ? Nous avons déjà les impôts directs et indirects, fonciers et mobiliers, la cote personnelle et les patentes, le timbre et l'enregistrement, etc...

Plus moyen de casser seulement une noisette ou de se barbouiller d'un claqueret sans payer contribution ; laissez-nous donc au moins crevogner en paix, sans nous ramener encore le pétrole et les coups de fusil. Et à propos.

A-t-on jamais vu un siècle pareil ! On l'a appelé le siècle des lumières, et le voilà qui impose les bougies et les allumettes ;

Siècle de la *liberté*, et il vote l'instruction laïque *obligatoire* ;

Siècle de fraternité, et les députés se battent en duel ;

Siècle d'égalité, et la moitié du monde se prépare à écraser l'autre ;

Et puis cette manie de timbre : timbre partout, timbre sur les cigares, timbre sur les chandelles, timbre sur les paquets d'allumettes, avec visite à domicile, timbre sur les factures, timbre sur les quittances, timbre sur les papiers de famille, timbre sur les affiches, timbre jusque sur les rouleaux. A la fin, si nous ne sommes pas entièrement timbrés, c'est que nous aurons la cervelle en fer battu.

Nous sommes donc écorchés à la perfection, c'est un fait ; et, d'autre part, l'ouvrage manque, et plus l'ouvrage manque plus on nous écorche. Très bien, seulement quand on sera arrivé à la dernière peau, que fera-t-on ?

Allons, braves tisseurs, consolez-vous, il y a de quoi. Pour comble de bonheur, voici que tous les conseillers municipaux, généraux et *arrondissementaux* demandent qu'on les paye ; puis il y a les grandes dames qui se mettent à porter des robes de laine, et rien que de laine (avis aux ouvriers en soie) : puis encore la petite vérole qui commence à nous gratter le portrait, puis la gelée, puis les inondations, puis les limasses qui mangent le blé par le trognon.

Heureusement que les prés baignent dans l'eau. Comme il y aura beaucoup de foin, ce sera une bonne année pour les bêtes.

Mais quant aux autres...

LA TÊTE OU LES AUTRES ONT LA QUEUE

19 mai 1876.

« ... Holà ! hé ! criait un malin aux badauds de son pays, un beau jour de foire, venez tous, petits et grands, admirer le plus étonnant des phénomènes...

« Vous y verrez un cheval, oui, un vrai cheval, en chair et en os, qui a la tête là où les autres portent la queue ! »

Et les badauds d'accourir, et de jeter avec empressement leurs gros sous dans l'escarcelle du farceur. Il fallait voir si on se bousculait à la porte de l'écurie.

Or que voyait-on ?...

Un cheval, en effet, et un vrai cheval, mêmement qu'il avait bien la tête là où les autres portent la queue.

Seulement le phénomène ne ressemblait pas trop mal aux autres chevaux... car le malin s'était avisé de l'attacher par la queue au râtelier. Aussi riait-il aux éclats devant les curieux ébahis.

« ... Holà ! hé ! criait la fameuse opinion publique, par la voie de tous les journaux, de toutes les Chambres et de tous les orateurs, vous allez voir un phénomène étrange, un gouvernement comme on en a jamais vu, c'est l'Empire renversé, ce funeste Empire qui nous a gâtés, enivrés, pourris, sucés et perdus ; admirez ce nouveau régime, il porte la queue là où les autres avaient la tête ! »

En effet, c'est bien la queue qui est attachée au râtelier, depuis surtout les dernières élections !

Raspail devenant législateur ; Gambetta tripotant le budget des finances ; Ferry en train d'être nommé ambassadeur ; Ricard démolissant les préfets et révoquant les maires.

Et Spuller, et Marcou, et Rouvier, etc., etc. Admirez ce phénomène, admirez ce régime nouveau ; il a la tête là où les autres portent la queue... C'est le rebours de l'Empire !...

Seulement, seulement.

Tout comme sous l'Empire, toujours des impôts, des impôts et des impôts, ça n'en finit plus.

Et comme sous l'Empire, il y a des mortes de travail, des grèves, des clubs et du tapage, et des journaux bêtes autant que méchants, et des romans écrits avec la fange du ruisseau.

Et toujours il faut grassement payer cinq cents députés, trois cents sénateurs, sans compter les ministres, les secrétaires, les préfets et tout le tremblement de la bureaucratie ; et une police, et une contre-police, en attendant qu'on paye encore tous nos aimables municipaux.

C'est que, voyez-vous, pour être attaché du côté de la queue, le cheval n'en mange pas moins.

Et plus on a de bouches, plus on mange ;

Et plus on a faim, plus on dévore ;

Et ils ont faim, ils ont faim, si vous saviez, autant qu'ils sont creux.

Holà ! hé ! les badauds, venez voir, c'est du nouveau,

c'est le progrès; les élections ont fait merveille. Partout,
à la capitale, en province, dans les villes et dans les campagnes, la France a la queue là où les autres pays portent
la tête. Seulement j'ai peur, prenez garde : elle va mordre
de la queue!

A L'ABATTOIR

3 juin 1876.

Enfin, nous voilà lancés ou plutôt relancés dans le
galimatias de 1870. Prenez vos places, braves conservateurs, vous allez voir... ce que vous allez voir.

Ce sont d'abord les étudiants de Paris qui vont tripoter
des congrès, et, vous savez, c'est signe de bonne marque.

Puis Challemel qui embouche la trompette du vigoureux républicain ; et Spuller qui brandit sa plume d'oie ;
et Germain Casse qui cherche à rimer avec Cassagnac ; et
un certain Deschanel qui traine dans sa boue les curés
passés, présents et à venir ; et le président de la Chambre
qui le laisse faire ; et le bon maréchal qui laisse dire...

Et vive la liberté !

Seulement, gare à votre peau, citoyens catholiques, la
liberté pourrait bien vous la trouer comme une écumoire...

Mais qu'ai-je dit, brutal ! au contraire tout va bien, très
bien, Mais on est libre, libre de tous côtés. C'est admirable ! L'essai loyal ! mais l'essai loyal est tout uniment
la huitième merveille du monde.

Voyez quelle allure gaillarde. On discute aux deux
Chambres ; on déblatère, c'est vrai, mais rien n'est à

craindre. On a secoué les préfets, on a fait danser les maires, mais tout continue dans le plus bel ordre.

Ces gens-là, une fois au pouvoir, seront doux comme de petits moutons... De fait, ils tiendront à y rester, et ils savent bien que pour cela, il faudra être sages.

N'ayez donc point peur, vous verrez, vous verrez!... Le bon sens public est là, la civilisation est là, le commerce est là, le Maréchal est là... Eh! mais, M. de Marcère va à la messe, de quoi vous plaignez-vous?

Allons, tas d'alarmistes, f...ichez-nous la paix. On sait la mouche qui vous pique. C'est que vous n'êtes plus au pouvoir, c'est que vous voulez dominer!...

Ainsi raisonnent les *hommes d'ordre* de la nouvelle opinion publique. A la vérité ils raisonnaient tout aussi bien vers la fin de l'Empire.

Petits, écoutez. Je ne suis qu'un imbécile à côté de vos grands esprits ; mais prenez garde : l'astronome de la fable n'y a vu guère bien avec son grand télescope, et finalement il a culbuté. Ecoutez donc :

Il y avait une fois un troupeau de moutons qui descendaient de la Demi-Lune, heureux, contents, bêlant, sautillant à qui mieux mieux... on aurait dit des campagnards venant voir la ville pour la première fois. De fait, c'était cela.

L'un des plus jeunes et des plus sautillants se faisait remarquer par sa gaité vraiment guignolesque :

« — Etait-il bête, mon grand, de me faire peur comme ça, avant mon voyage ! ces vieux voudraient vous tenir en laisse comme des chiens loulous. N'allait-il pas jusqu'à dire qu'on pourrait bien nous tuer ici.

« Mais voyez donc comme c'est drôle de venir à Lyon ; tout le monde nous regarde passer, les enfants nous caressent ; ils n'ont pas l'air méchants du tout, ces

Lyonnais. Et puis ces grandes routes ne valent-elles pas nos petites sales écuries? et ces arbres, et ces beaux gazons de Loyasse, c'est là qu'on va s'en payer...

Il achevait à peine sa magnifique harangue, et, à peine les moutons avaient-ils sauté et bêlé de joie par manière d'applaudissements... qu'ils entendirent se fermer derrière eux une grille en fer.

Ils étaient à l'abattoir et on les fit danser...

Avis au public.

PHARAON ET LES HÉBREUX

16 juin 1876.

Nous voilà revenus au beau temps où Pharaon jetait les Hébreux dans le Nil.

Vous savez, ce vieux tyran qui régnait autrefois sur les oignons d'Egypte. En avait-il une dent contre ces diables d'Hébreux! On n'a jamais su pourquoi, de vrai!... mais... on n'était pas obligé de le savoir.

Je n'ai jamais rien vu d'aussi embarrassé que ce pauvre Pharaon.

Il aurait voulu se défaire des Hébreux, et il ne voulait pas s'en défaire;

Il aurait autant aimé les voir à cent mille lieues de sa capitale, et il refusait de les laisser partir;

Ils n'avaient jamais fait que du bien au pays, et le pays en avait une peur bleue;

Enfin quoi, un galimatias à n'y rien comprendre, et franchement, je n'ai jamais rien vu d'aussi emb...arrassé que ce pauvre Pharaon..., si ce n'est peut-être nos Pharaons cramoisis de la Chambre de Versailles.

En ont-ils aussi une peur bleue de ces terribles curés?

En septante, on avait peur des armes : on fouille, on perquisitionne, on creuse, on dévalise, et finalement, à Lyon, après six mois de recherches, on aboutit à découvrir une seringue à l'ancienne mode, et un souterrain... qui ne se nomme pas. C'était peu; n'importe! Et désormais on ne dira plus: « Donnez-moi cinq lignes d'un homme et je le ferai prendre; on dira: « trouvez-moi seulement sa seringue et je le ferai fusiller. »

C'est ce qu'on fait.

Mais il en reste... des curés. Les Pharaons n'ont pas eu le temps de tout jeter dans le Nil; et aujourd'hui les nouveaux Pharaons sont furieusement embarrassés. Que faire ?

Les fusiller encore? Ils crieront, et ça fera peur à bien du monde.

Les étouffer tout doucement, tout doucement? Mais ça ne va pas assez vite et ils peuvent vous échapper.

Les marier? ça ne prendra pas et nous n'aurons que les malotrus, les têtes cassées et les mange-tout.

Les sevrer du budget, afin de les avoir par la famine? Mais le *Figaro* se moquera de nous; il leur fera une souscription, et ils seront plus riches qu'auparavant.

Les laisser au budget? Mais c'est payer vos ennemis.

Les séparer de l'Etat? Mais, nous ne pourrons plus leur taper dessus, et les appeler fonctionnaires.

Les protéger ? Mais c'est de la folie, puisque notre République se moque de leur bon Dieu.

C'est furieusement embarrassant, allez!

Et il faut avouer que ces curés ont la vie dure. Plus on les bat, plus il en vient. On en coupe un, ça repousse de tous côtés. A qui faut-il croire vraiment !

Les uns vous disent que la religion est finie, que le bon Dieu est usé, et puis... pas du tout !

Les autres, surtout en partant pour Versailles, vous promettent de n'en faire qu'une bouchée, et qu'on n'en parlera plus : et voilà six mois de ça ! et on en parle plus que jamais !

Plaignons, oui, plaignons les hommes qui sont au pouvoir. Il y a des positions difficiles, à ce qu'il parait.

Ordinaire cependant est un ardent, Monjau est un crâne, et Challemel un vigoureux, Durand devait les badigeonner un peu bien, il s'y entend ; Naquet devait les étrangler sans rémission, et Barodet...

« Creuser la tombe avec son parapluie *(bis)* Et toujours rien !

« Ah ! Ah ! Ah ! oui vraiment !
« Les curés sont embarrassants ! »

DAVID ET GOLIATH

29 juin 1876.

Ils triomphent sur toute la ligne. Qui ? — Les libres penseurs.

Ils ont pour eux le nombre, l'audace, la majorité à Versailles, Bismarck en Prusse, les voyous en Belgique, Emmanuel à Rome, les gendarmes en Suisse, Gambetta à Paris, les petits journaux d'un peu partout et les grands journaux du Commerce et de la Finance... sans oublier ceux de la Diplomatie.

Ils commandent à Marcère, font signer Mac-Mahon et parler le père Dufaure.

Ils mettent la main sur l'armée, sur le budget, décrètent du haut des préfectures.

Paris, le grand Paris s'incline sous leur sceptre, les étudiants les applaudissent, les richards les contemplent et la Bourse leur obéit.

Ils lancent les dépêches, font circuler les nouvelles, imposent à l'opinion publique et font manœuvrer le suffrage universel comme un pierrot de carton.

C'est magnifique, c'est splendide ; la République est pour eux, elle marche avec eux, elle travaille et agit par eux ; en un mot

Ils triomphent sur toute la ligne !

Et voyez à côté, ces pauvres *catholiques :* sont-ils malmenés ! sont-ils vilipendés ! sont-ils étranglés !

Ils n'ont plus rien... que des évêques désarmés et un vieux Pape.

On les pique à volonté et impunément: on les traque en riant comme de petits moutons inoffensifs ; on les écorche méthodiquement, sûr qu'on est de n'être ni menacé ni dérangé, en attendant qu'on puisse les manger, là, tout à son aise.

Aussi se frotte-t-on les mains avec une satisfaction admirable, et se lèche-t-on d'avance les lèvres, tant le ragoût a bon parfum.

Que ce sera donc drôle comme ça, de rôtir ces bons agneaux à petit feu et de pouvoir les insulter en regardant leur grimace. Les Prussiens étaient durs à cuire, et on se tenait à distance ; mais les catholiques !.....

Je me rappelle, moi, Baptiste, avoir lu dans mon jeune temps une histoire à peu près analogue.

Il y avait par là-bas à Jérusalem un grand diable de Philistin, appelé Goliath, qui donnait d'air pas mal à notre clan libre penseur.

Il était grand, gros, gras, bien membré ma foi ! Et avec ça un sabre et une lance capables d'éventrer l'Alcazar. Son casque était plus épais que celui de Bismarck, sa cuirasse mieux bâtie que celle de l'Emmanuel, et ses biceps plus nerveux que ceux de l'illustre Gambetta.

Il était insolent au moins autant que Jules Favre ou n'importe quel Rochefort, et bâtard comme... tant d'autres.

« Viens, disait-il au tout petit David, un berger encore sans moustaches, viens que je te donne ta peau aux chiens et ta viande aux petits milans. »

Le petit David, lui, n'était pas fier, non plus que les catholiques d'à présent.

Une fronde à la main, *cinq Pierres* dans sa poche — sans calembourg — il s'avançait comptant peu sur lui, mais beaucoup sur le bon Dieu.

On aurait dit une souris attaquant un gros chat.

« Viens, disait le chat, pardon! Goliath, viens, que je t'arrache les yeux, que je te coupe le nez, que je t'arrache les boyaux, que je te torde le cou, que je te... »

Il n'acheva pas.

Le petit David avait fait tourner sa petite fronde, lancé sa petite *pierre*... qui vint se loger dans le gros front du grand Goliath...

Et... il lui coupa la tête, ni plus ni moins. Voilà!

Maintenant, chers libres penseurs, faites les rodomonts, vantez-vous, menacez, écumez de rage. Comme Goliath vous avez tout... — Mais prenez garde, le *petit fils de David*, que vous attaquez, a encore quelques *pierres* dans sa poche... et une fronde à la main. Il en a bien vu d'autres!

CATHOLIQUE LIBÉRAL!...

23 juillet 1876.

Nous disons donc que le *Salut Public* est furieux, furieux autant que le *Petit Lyonnais*, autant que la *République française* de Gambetta.

Il tape dru sur de Broglie, sur Mgr Dupanloup, sur Wallon, sur Laboulaye, voire même sur le bon sens, que ça fait frémir.

Pauvre cher *Salut Public!* pauvre M. Lenormand! Voilà donc où vous tombez! Vous en venez à serrer la main des libres penseurs sous prétexte que vous êtes CATHOLIQUE LIBÉRAL. Pauvre catholique! Et pauvre libéral!

Allons, oui, nous sommes en République; oui, vous aurez un bon point. Et comme vous avez soin de bien dire aux radicaux le moyen de nous faire peur, eh bien! quand ils seront au pouvoir, mon cher petit *Salut*, ils ne casseront pas vos presses, et ils ne vous fusilleront que tout à fait le dernier. Ça vous va-t-il comme ça? Entendu, et après la marmelade de fond que vous nous pitrognez aujourd'hui, vous pouvez dormir sur vos deux oreilles... vous n'aurez pas froid à la tête.

On s'étonnera que je mette au même rang le cher *Salut* et les feuilles à la Gambetta. Je ne m'en dédis point : et je le répéterai, s'il le faut :

Oui, au point de vue religieux et social. Gambetta et le *Salut Public* arrivent au même résultat; seulement le premier va plus droit et le second tourne autour du pot; l'un a des gants, l'autre met les poings sur la hanche; celui-ci crie : « la bourse ou la vie, » celui-là dit en souriant : « Monsieur, auriez-vous l'obligeance de mourir à petit feu!... »

Moi, j'ai toujours cru, en effet, qu'il y a deux espèces de libres penseurs : les viveurs et les fous furieux.

Les viveurs ont des opinions ; les fous furieux ont des convictions... ce qui est plus fort.

Les convictions portent aux grands coups ; beaucoup s'y sont cassé la tête ; les opinions mènent aux grands repos : beaucoup y ont pris gros ventre.

Rien n'est commode comme les opinions ; ça vous donne un petit vernis libéral qui vaut quasi une décoration ; et puis, ça prête comme le bon caoutchouc. Reliez une conscience quelconque avec cette peau-là, et je vous certifie qu'elle ne gênera pas son propriétaire.

Quant aux convictions, c'est bon pour ceux qui n'ont rien... autre à se mettre sous la dent. On les puise dans le *Censeur*, le *Petit Lyonnais*, le *Rappel*, les *Droits de l'homme*, et les deux *Républiques françaises*.

Pour l'homme à opinions, toutes les religions sont à peu près bonnes, tous les gouvernements sont bons... successivement, cela va sans dire. Tout dépend du commandement de Dieu dont on veut se défaire, ou de l'intérêt qu'on a à voir monter la bourse.

Vous attaquez la Turquie ? Et mes Ottomans ? Vous voulez abattre Macaroni Ier ? Et mes Saragosses ? Vous critiquez Emmanuel et Cialdini ? Silence ! Et mes Italiens ?

« Luxurieux point ne seras... » Chut ! Je suis libéral.

« Le bien d'autrui tu ne prendras... » Doucement ! Expliquons-nous. En affaires, mon opinion est que... et voilà !

— Mais enfin il y a un Dieu ? — Oh !... oui, mais il ne s'occupe pas de nos affaires. — Ah ! bien, tout à fait comme s'il n'y en avait point. Et nous voilà en plein

Gambetta !... Les Gambetta vont plus rondement, mais ils finissent toujours par se rencontrer avec les *Saluts publics*. Les *Saluts publics* sont tout simplement des Gambetta enrichis, et les Gambetta enrichis deviennent toujours modérés : ils avaient des convictions, ils n'ont plus que des opinions.

— Demandez-leur à tous, radicaux et prétendus libéraux : Qu'aimez-vous mieux ? Henri V ou Bonaparte ? Les Orléans ou la République ? Les Chrétiens ou les Turcs ? Les Catholiques ou les Juifs ?

Et s'ils sont sincères, ils vous répondront comme ce moutard à qui on disait : « qui aimes-tu mieux de ton père ou de ta mère ? — J'aime mieux LA VIANDE !... »

†††

LES FABLES

ᘓᘓᘓᘓᘓᘓᘓᘓᘓᘓᘓᘓᘓᘓᘓᘓᘓᘓᘓᘓᘓᘓᘓᘓᘓᘓ

LE CHARRETIER EMBOURBÉ

Le conducteur d'une voiture à foin
Vit son char embourbé. — Mais qu'ai-je donc besoin
D'emprunter aux ruraux un grossier attelage?
    Je voulais dire censément
Le char peinturluré d'un grand gouvernement.
    S'agit bien de parler fourrage
A des mamis mangeant rien que de caramel !...
... Enfin ! cette carriole à six chevaux trainée,
    Pataugeait embourbée
    Dans le suffrage universel.
    Cristi! fallait voir cette scène.
Les gros voyageurs dont la guimbarde était pleine
    Avaient des effroyables peurs
    Et poussaient d'horribles clameurs!...
« Rester là dans la boue, à la nuit, quelle aubaine
    « Pour les brigands de la forêt!
« Ils vont venir, grands dieux! à coups de pistolet
« Pour piller nos écus, nous casser la bedaine !...

Et hardi donc! voilà que tous ces godiveaux
Se mettent à baver d'une fureur extrême,
Maudissant la charette et Monsieur Thiers lui-même,
Pestant contre les trous, puis contre les chevaux,
— Trous du budget, hélas! chevaux du ministère,
Grinçant contre la rouge... et les municipaux,
      Pleurant comme des veaux
      Qu'on passe à la barrière.
A la fin cependant, au milieu des sanglots,
      On entendit quelques dévots
Crier grâce! à celui qui gouverne le monde :
« Seigneur, lui disaient-ils, s'il est vrai que ton dos
    « Porte notre machine ronde,
    « Prends pitié de nos pleurs.
    « Aux griffes radicales,
    « Viens arracher des voyageurs
    « Honnêtes et conservateurs.
     « Les heures sont fatales,
« Presse-toi : ton bras seul peut nous tirer d'ici! »
La prière étant faite, on entend dans la nue
     Une voix qui parlait ainsi :
« La Providence veut d'abord qu'on se remue,
« Puis elle aide les gens. Regardez d'où provient
    « L'achoppement qui vous retient.
« Voyons, tas de bugnards, sortez de la carriole
    « Au lieu de vous faire traîner,
    « De pleurnicher, de chanter faribole,
    « Sachez un peu vous démener
    « Et donnez voir un coup d'épaule.
« Ah! puis, pas de bêtise! Il faut bouger, sinon!...
« Sinon, si vous restez les deux mains dans les poches,
    « Faudra signer la crevaison.
« Attrappez-moi ces pics, empoignez-moi ces pioches :

« — Travaillez, écrivez, parlez et discutez,
    « Surtout, votez, votez,
« A l'œuvre donc ! Otez d'autour de chaque roue
« Ce mortier communard, cette maudite boue
« De vices et de sang, ce troupeau de vendus,
« Ces voleurs décorés, ces avocats perdus,
« Ces voyous abrutis, dont l'infernale engeance
« Pour piller voudraient voir... verser la diligence.
« Allons, à coup de pics, de pioche, de marteaux,
« Brisez-moi ces cailloux, comblez-moi ces ornières.
« Est-ce fait ? dit la voix. — Oui. — Très-bien ! Vos prières
« Je vais les exaucer. Attention aux chevaux !
    «... Et choisissez bien l'homme
  « Qui doit tenir les guides et le fouet.
« En avant ! — Qu'est ceci ? Le char marche à souhait !
« Dieu soit loué ! » — La voix : « Eh bien ! vous voyez comme
« Les chevaux se sont aisément tirés de là. »
    Aide-toi, le ciel t'aidera !

L'AIGLE, LA LAIE ET LA CHATTE

En ce temps-là, les voyous tenaient le haut du pavé, les dévideuses trafusaient de politique, les dames portaient des croupières, les messieurs des éventails, Pirodon allait en reméage et Durand embrassait son curé.

Or donc, au milieu de tant de choses surprenantes, voilà-t-il pas qu'un malotru tisseur se mêla de repasser son polissoir sur papa Lafontaine ; et en avant la musique !

L'aigle avait ses petits en haut d'un arbre creux,
    La laie au pied, la chatte entre les deux,
Et sans s'incommoder, moyennant ce partage,
Mères et nourrissons faisaient leur tripotage.

Ainsi, dit-on, les autres fois
Vivaient en douce paix peuples, nobles, bourgeois,
Age d'or !... Mais, hélas ! bientôt la bourgeoisie,
La chatte, veux-je dire, avec son œil matois
Vit l'affaire et manqua crever de jalousie.
A tout prix, il fallait détruire cet accord.
Elle grimpa chez l'aigle, et lui dit : « Notre mort
Se complote là-bas, monseigneur, prenez garde !
Le père est radical, la mère est communarde,
Et les fils à nos pieds creusent incessamment,
  Pour renverser votre gouvernement.
Voyez-vous, ce n'est pas rassurant, ma parole !
Ça sent le drapeau rouge, Orsini, le pétrole,
    Et si jamais ces hommes égarés
Reprennent le dessus, nous serons dévorés !
Prudence ! croyez-moi. Les bras d'une duchesse
Ne m'ont jamais bercé ; mais j'aime la noblesse.
Et pour preuve, mon œil, mes griffes et mes dents
Sont à votre service.... ainsi que mes talents. »
Là-dessus l'hypocrite alla porter sa plainte
A ses voisins d'en bas qu'elle remplit de crainte.
Joyeux, près du foyer ils étaient réunis.
« — Je trouble vos ébats, pardon ! mes bons amis,
Dit le chat, mais je viens d'en apprendre de belles
Et j'ai pour l'avenir des angoisses cruelles.
Les aigles, parait-il, se sont donné le mot
Et de vous bûcler tous ont formé le complot.
Leur chef qu'on voit là-haut immobile à la cime,
    Le comte de Chambord,
      A le projet d'abord
  De ramener la corvée et la dime,
Et le droit de jambage et le droit du seigneur,
Et quand vous serez vieux, pour payer vos services,

Il veut de vos boyaux se faire des saucisses.
Peut-on bien écorcher ainsi le travailleur !
Dites-moi, n'avons-nous pas assez de misères,
Et faudra-t-il souffrir ce qu'ont souffert nos pères ?
Celui qui met un frein à la fureur des flots
Ne peut-il des tyrans préserver nos marmots ?
Vous voilà prévenus, tâchez de n'en rien dire,
Braves gens, leur courroux retomberait sur moi. »
Dans cette autre famille ayant semé l'effroi,
        La chatte en son trou se retire,
        Et son Barthélemy d'écrire
        A tous les journaux du pays
Qu'elle faisait la paix entre les deux partis.
Les deux partis, de vrai ! ne bougeaient pied ni aile :
L'aigle veillait en haut, en bas le marcassin
De peur n'osait plus même allumer sa chandelle
        Pour éclairer son souterrain.
A demeurer chez soi l'un et l'autre s'obstine...
Sans boire ni manger. Vous devinez la fin.
Bientôt la gent aiglonne et la gent marcassine
        Eurent crevé de faim...
Et la chatte les fit rôtir le lendemain.
Fuyez les balconniers, malgré leur douce mine
        Et du haut jusqu'en bas
Français, soyons amis, sinon, gare les chats !

L'ENFANT ET LE MAITRE D'ÉCOLE

Puisque nous nageons à plat ventre dans le régime
que le petit *Guignol* d'autrefois appelait *parlementeur*,
laissez-moi vous retaper un brin certaine fable de Lafon-

taine, qui emboite si bien à la mesure des circonstances,
que, ma foi! on la dirait faite exprès :

Dans ce récit je prétends faire voir
A certains grands parleurs qu'ils ont manqué la veine.
En *badinant* sur les bords de la Seine,
Une étourdie, hélas! la France!... du trottoir,
Dans l'encre et le pétrole un jour se laissa choir;
Mais il est une Providence,
Dit-on, pour les... Français, c'est fort heureux, la France
A quelques branches donc en tombant s'accrocha,
« — Au secours! au secours! cria-t-elle, éperdue.
Je péris! A moi! Vite! » Aussitôt dans la rue
Du bord, comme toujours lorsque se noie un chat,
La masse des flâneurs en courant s'approcha.
En un clin d'œil la vague humaine
Envahit les quais et les ponts.
Des fenêtres et des balcons,
De partout on criait; chacun disait la sienne :
« — Ohé! Venez donc voir.
« — Quoi donc? — C'est, parait-il, une amante trompée,
« Par ses excès, dit-on, réduite au désespoir.
« Ses amis l'ont trahie et là-dedans jetée.
« — Eh! parbleu! C'est bien fait.
« Il est bon, à ces gens, de leur dire leur fait
« Sans pitié, sans miséricorde :
« Elle aurait mérité la corde
« Pour s'être donné Badinguet
« — Et puis voyez où même la sottise :
« Est-il une seule bêtise
« Qu'elle n'ait su commettre? Aux orgueilleux bavards
« Elle a donné son or, sa cave aux communards.
« — Et moi j'ai vu les fripons à sa table.
« — Moi, j'ai connu son chef : il était incapable.

« — La gouvernante était bête à manger du foin ;
« — Après cela, prenez de tels badauds le soin.
« Que les Français d'esprit sont malheureux, qu'il faille
   « Toujours veiller à semblable canaille ! »
   Entre temps sur le bord des eaux
C'était pitié de voir la pauvre naufragée
Dans les flots bouillonnants presque à demi plongée,
Se tenant d'une main aux fragiles roseaux.
Une branche déjà s'était soudain brisée
     Entre ses doigts raidis ;
Déjà ses ennemis, riant sur la chaussée,
    Attendaient son *De Profundis*...
Lorsque s'amène, enfin, un gros monsieur du centre
Droit ou gauche, on ne sait, l'écharpe autour du ventre : .
   Bonheur ! C'était l'autorité !
« Au secours ! » — Doucement, madame, patience !
   Reprend le citoyen botté,
   Vous saurez que, ma mie, en France
« On ne doit faire rien sans beaucoup raisonner,
« Discuter, babiller, combiner, scruter.
    « Vu la position gênante,
    « Nous allons de ce pas nommer
    « Une commission des Trente.
« Aussitôt réunie elle décrétera
« Un corps de sauveteurs, et, comme de coutume
« La forme, les galons, la couleur du costume,
    « Puis examinera
« Le pourquoi, le comment, le quand... et cœtera... »
« Assez !... Assez !... répond la France, tout de suite !...
« Déjà mon cœur se glace au toucher de la mort !...
« Aux flots empoisonnés arrachez-moi d'abord
    « Et vous bavarderez ensuite...! »

L'ÉCREVISSE ET SA FILLE

Mère écrevisse, un jour, à sa fille disait :
Comme tu vas, bon Dieu ! ne peux-tu marcher droit ?
Ainsi, par ses malheurs trop longtemps irritée,
La France apostrophait sa fille, l'Assemblée,
Qui parlotte, bavarde, extravague, là-haut
A vingt-cinq francs par jour, et pétrit le gâ...teau,
J'allais dire gâchis de notre destinée.
        « Ta politique est condamnée.
« Va-t-en ! » lui criait-elle, et des millions d'échos,
        Discours, brochures et journaux,
Avocats de Paris et bavards de province,
Peuple, bourgeois, lutteurs pour ou contre le Prince.
Lui répétaient : « Va-t-en, on ne veut plus de toi,
        « De toi, ni de ta politique,
    « Tu ne soutiens ni l'ordre ni la clique,
        « Ni septennat, ni république,
        « Ni Bonaparte, ni le roi !...
« *Comme tu vas, bon Dieu! ne peux-tu marcher droit.*
« *— Et comme vous allez vous-même ! dit la fille.*
« *Puis-je autrement marcher que ne fait ma famille ?*
« Vous blâmez ? c'est facile. Et dites-moi, d'abord,
« Balconniers, écrivains, vous qui criez si fort,
« Laboureurs de campagne et tisseurs de la ville.
« Petits et gros ventrus, êtes-vous bien d'accord ?
« Voulez-vous Henri-Cinq ? Ou Craint-Plomb ? Ou l'Empire ?
        « Casimir ou le Septennat ?
        « Aimez-vous Thiers ? ou Gambetta ?
« Avez-vous une idée et sauriez-vous la dire ?

« Mais vous avez tour à tour combattu
« Le blanc, le bleu, le rouge et... n'avez point conclu
« De quelle étoffe il faut que votre roi s'habille.
« J'ai cinquante opinions? Vous en avez cent mille!
« *Faut-il que j'aille droit quand on y va tortu?* »
La fille avait raison. Et, peuple sans vertu,
Pour cacher notre honte, en vain nous voudrions faire
     De la Chambre un bouc émissaire;
Car la Chambre, à peu près, vaut ce que nous valons.
     Quant à marcher à reculons,
Dans la gent porte-prince ainsi que dans la nôtre,
On voit également bon nombre réussir.
Appuyés, d'une main sur leurs écus, de l'autre
     Caressant le plaisir,
Ils s'imaginent, vrai! qu'à forces d'artifices,
Et se moquant du ciel au sein de leur repos,
Ils materont la *Rouge* et sauveront leurs peaux!
     Allez, mes braves écrevisses,
Vous courez à l'abime en lui tournant le dos.

LE HÉRON

Un jour, sur ses longs pieds, allait je ne sais où
Un *héros* au long bec emmanché d'un long cou,
Le *héros* c'est la France, et le bec c'est Versailles ;
Le cou marque les gens qui vivent de ripaille,
Gens chez nous si nombreux qu'on ne les peut compter,
Tranquilles dans leur peau pourvu que la canaille
     Les laisse à l'aise banqueter.

Il côtoyait une rivère,
(Je parle de notre héros),
La Garonne, je crois, on était à Bordeaux,
Et la Garonne, en cette affaire,
Aurait bien dû, comme toujours,
Dit-on, donner d'esprit à ceux qui n'en ont guère.
Tout allait de travers... et l'armée à rebours...
Pour brasser le budget, la police et la guerre,
Commère République y faisait mille tours
Avec Gambetta son compère.

Gambetta! Dites-moi, messieurs,
Après les Prussiens et l'Empire,
N'était-ce pas tomber de mal en pire?
Et que fallait-il donc pour nous ouvrir les yeux?
On les ouvrit. Et dans l'ensemble,
Au huit février, on vota bien, ce semble.
Quelle joie! un instant on crut toucher le bord,
Et sauver le pays; le comte de Chambord
Tendit sa main, on n'avait qu'à la prendre;
... Mais on crut mieux faire d'attendre
Que la France eût plus d'appétit.
Elle avait son régime, et quoique bien malade,
Ne voulait point d'un sauveur... rétrograde.
« —Ce n'est pas l'homme! Il faut, disait Thiers-le-Petit,
« Etre fin comme moi pour gouverner ici.
« Quittez ce drapeau blanc! Vous êtes trop honnête
« Dans vos proclamations, vous nous cassez la tête!
« Vous allez à la messe! Et vous êtes boiteux!
« Jésuites, pieux!
« Et puis Réac, je le répète! »
Vint la Commune. On se bûcha...
Et de nouveau le prince s'approcha...
« On ne veut point de vous! Voyons, que ça finisse!
« Laissez-nous tripoter dans la conservatrice,

« Que diable ! » On tripota. Mais pour conclusion
    Tout allait à la débandade,
Et le pouvoir tombait en marmelade.
Lors, la main dans la main, les princes de Bourbon,
    Pour l'amour du pays firent la fusion.
Mais le pays, déjà redevenu vorace,
    Se montra rogue et dédaigneux.
Le mets ne lui plut pas, il s'attendait à mieux.
« Moi, des princes ! dit-il ; moi, France, que je fasse
Reblanchir ma cocarde ! Et pour qui me prend-on ?
Je veux du bleu, du blanc et du rouge ! ou sinon,
    Je ne réponds plus de la casse !... »
La fusion rebutée, on trouva Mac-Mahon.
Mac-Mahon gouverner ? la grande nation
Ouvrirait pour si peu le bec ? Aux dieux ne plaise !
On l'ouvrit pour bien moins. Tout alla de façon
Qu'on tomba tout d'un coup en *dissolution !...*
... Et pour régner en France, on fut, ne vous déplaise !
Après force discours, tout heureux et tout aise
    De rencontrer... un franc-maçon !

NOEL DU XIXe SIÈCLE

Petit Jésus, aimable enfant,
Humble, juste, pauvre, innocent,
    Vous vîntes sur la terre ;
Mais vous aviez trop de vertus ;
On vous a pris, petit Jésus,
    Pour un réactionnaire.

Favier, de simple relieur,
Bientôt va monter sénateur,

Vous, Jésus, au contraire,
De Dieu devenez ouvrier !...
N'importe, on adore Favier...
   Et vous... réactionnaire !

A Saint-Germain, au bord de l'eau,
On voit le superbe château
   D'un monsieur Ordinaire.
Vous fûtes pauvre, mais en vain :
Ordinaire est républicain
   Et vous, réactionnaire.

Gambetta roule à la Daumont,
Barodet en wagon-salon
   Et Thiers est millionnaire ;
Tant pis pour vous ! petit Jésus,
Vous êtes, malgré vos pieds nus,
   Un vrai réactionnaire.

Glais-Bizoin n'a jamais rien fait
Il a gros ventre et bon gousset
   Et se dit prolétaire ;
Vous fûtes un vrai charpentier
Et l'on vous raille sans pitié
   Comme un réactionnaire.

Challemel-Lacour fusillait ;
Vous, Jésus, quand on vous frappait
   Vous mouriez au Calvaire
Pour vos bourreaux. Mais c'est égal,
On dit Challemel libéral
   Et vous réactionnaire.

On vous compare, doux enfant,
Aux communards couverts de sang ;...

Mais le peuple en colère :
« Qu'on nous délivre Barrabas
« De la Calédonie !... A bas !
  « Jésus réactionnaire. »

Près de votre gibet sanglant
On a vu Littré grimaçant
  Une insulte grossière ;
On immortalise Littré
Pendant qu'on veut vous enterrer
  Comme un réactionnaire.

Il est donc vrai, petit Enfant,
Humble, juste, pauvre, innocent
  Vous veniez sur la terre ;
Mais vous aviez trop de vertus,
On vous a pris, petit Jésus,
  Pour un réactionnaire.

LE PERROQUET

Un *gros* perroquet gris, échappé de sa cage,
  Vint s'établir dans un bocage
Et là, prenant le ton des faux conservateurs,
  Prétendus connaisseurs,
Blâmait, critiquait tout d'un air de suffisance.
A l'*Echo de Fourvière* il trouvait des longueurs,
  A l'*Union* peu de science,
  Quant à la *Gazette de France*,
  Il l'éreintait du premier coup ;
Se moquait de Garnier, raillait le *Télégraphe*,
Sifflait le vieux Baptiste et sa pauvre orthographe ;

Jugeait Veuillot et Dupanloup,
Celui-ci trop fougueux, celui-là trop voyou,
Et puis, inopportuns les Cercles catholiques,
Les curés maladroits, arriérés, fanatiques ;
Ecorchait les ultramontains,
Tapait dru sur les pèlerins ;...
« Et comment, disait-il, s'appuyer sur l'armée
« Par un Cissey bigot si mal formée ?
« A propos, c'est comme là-bas,
« L'affaire du Pape et de Rome,
« N'a-t-on pas dit que le roi galant homme
« A volé ses Etats ?
« En a-t-on répandu du sang, de l'encre noire,
« Pour soutenir ce trône dérisoire ?...
« On l'abattit : ce fut, n'en doutez pas,
« Pour la religion un fameux débarras !
« A tort comme à travers ses amis la défendent,
« Pour la jeter à bas on dirait qu'ils s'entendent.
« Et vraiment, à quoi bon
« Ces comités de ville et de campagne,
« Et ces hommes de grand renom ?
« Et Mortemart de la Chassagne,
« Lucien Brun et Franclieu, Saint-Victor, Chesnelong ?
« Monsieur de Mun, peut-être
« Aurait quelque peu de talent,
« Si tout d'abord, moi, j'eusse été son maître,
« Mais le voilà lancé, discutant, pérorant,
« Et prêchant partout sa croisade !
« Si jeune !... et déjà rétrograde
« A tous crins ! foi de perroquet !
« Je dis, c'est un homme manqué,
« Qui veut singer Pierre l'Ermite ! »
Or donc un beau matin, les oiseaux de plus près

Voulant ouïr ce siffleur émérite,
Autour de lui s'assemblent en congrès :
« Vous qui sifflez toujours, hé ! parlez donc, beau sire,
« Criaient-ils, savez-vous le remède à nos maux,
    « Et dans cet horrible chaos
    « Voyez-vous clair ? Il faut le dire :
    « Parlez, écrivez, agissez,
  « Donnez vos plans et les exécutez.
  « Vous faut-il un siège à Versailles ?
  « Nous vous paierons ; partez, luttez, votez ;
  « Aux fous furieux livrez bataille,
    « Nous vous suivons, marchez !
« — Messieurs, répond en tremblant le brave homme.
« Citoyens... mes amis... je vois bien le danger ;
« Mais aux moyens de s'en sortir... en somme,
    « Je n'ai jamais songé.
    « Quant à marcher à votre tête,
    « Pour vous tirer d'un mauvais pas,
« Merci de tant d'honneur !... une chose m'arrête
    « *Messieurs, je siffle, mais... je ne chante pas !* »
Mon Dieu, délivrez-nous des faiseurs d'embarras.

LE SERPENT ET LA LIME

On conte qu'un serpent, voisin d'un horloger,
Entra dans sa boutique, et, cherchant à manger,
    N'y rencontra, pour tout potage,
Qu'une lime d'acier qu'il se mit à ronger...
    Mais changeons de langage :
C'était le vieux serpent par l'enfer suscité,
L'antique Lucifer, le serpent homicide
    Dont la dent venimeuse et la langue perfide

Au cœur de notre humanité
Portèrent et la mort et la perversité.
Sur le sentier rampant, dans l'ombre du mystère,
Il épie, il attend... et ses yeux de vipère
    Ont vu passer la famille du Christ :
Prêtres, religieux, anges de bienfaisance
Versant sur les douleurs le baume et l'espérance,
Vierges, enfants, soldats..., puis un vieillard proscrit
Bénissant leurs vertus de ses mains défaillantes,
Ravivant de la foi les lueurs vacillantes
Et priant... aussitôt le reptile cruel
Sent bouillonner en lui des colères brûlantes.
Il aiguise en secret son dard le plus mortel
    Et, blâsphémant le Dieu du ciel,
Exhale ses fureurs en un long cri de rage :
    « Eh quoi! toujours faudra-t-il donc
« Voir triompher le Christ, ramper sur son passage,
« Me soumettre à ses lois, toujours couber le front?
« Et mon orgueil pourrait subir un tel affront?... »
Soudain, il appelle au carnage
Tous ceux qui sans rien faire aspirent à manger,
Et leur donne, en jurant, les chrétiens... à ronger.
Les voilà se ruant, comme meute en folie,
    Braves, loin du danger,
Sur le peuple de Dieu; mordent avec furie,
Mordent dans les journaux, mordent sur les balcons.
    Dans les romans, dans les chansons,
Au salon, au théâtre, au café, dans la rue,
Et jusqu'à l'atelier !!! La tourbe cependant,
    Toujours rongeant, toujours grondant,
        Jamais n'était repue
Par cet affreux mélange et de bave et de sang!...
La lime... non, l'Église essuya doucement

Ses larmes et leur dit, sans se mettre en colère :
« Mes pauvres ignorants, que prétendez-vous faire ?
    « Vous m'attaquez ? C'est un rude morceau ;
        « Et votre mâchoire trop molle
« Ne pourra m'arracher pas le moindre lambeau,
        « Petits serpents à tête folle,
« Sachez-le donc, et j'ai toujours brisé les dents
« A ceux qui me mordaient depuis dix-huit cents ans. »

LA POULE AUX ŒUFS D'OR

Ambition rapace, appétits sensuels
Aveuglent les humains et les rendent cruels.
    Beaucoup s'en vont à la misère
Pour avoir follement voulu les satisfaire.
    Un campagnard de Lentilly
    N'avait, dit-on, qu'une poulette noire,
Etique à faire peur. Par lui bien accueilli,
Certain jour, un sorcier, armé de son grimoire,
Mystérieusement, au lieu d'un mauvais sort,
Lui prédit que Cocotte, au coin de son armoire,
    Chaque matin lui pondrait un œuf d'or.
Il en advint ainsi !... Tout d'abord le brave homme,
Joyeux de voir à point sa rente revenir,
Ne songea qu'à manger, à boire, à bien dormir.
    Mais, en mangeant, l'appétit vient. « En somme,
« Qui m'empêche, dit-il, au lieu d'un œuf banal,
« *Auri sacra fames!* d'avoir le capital?
« Faut-il si lentement arrondir ma fortune?
    « Qui sait, d'ailleurs, si, par rancune,

« Dame poulette, un beau matin,

« Ne fera pas son œuf dans le nid du voisin ?

« Et si je la perdais ! Elle est de bonne prise;

 « Tous les jaloux vont la guetter.

 « J'ai de la veine, il faut en profiter,

 « Soyons hardis ! la chance favorise

 « Les grands audacieux qui savent la tenter. »

Aussitôt retrouvant, sur un tas de ferrailles,

 Un vieux couteau rouillé,

Il éventre sa poule et se met à fouiller

Comme pour découvrir, à travers les entailles,

Une Californie au fond de ses entrailles.

Il trouva... voulez-vous que je dise combien ?

 Rien !...

Or, je sais un pays où de la Providence

Les plus riches faveurs coulent abondamment,

Un pays entre tous fécond en dévouement

Et protégé du Ciel ; je t'ai nommée, ô France !

L'Eglise t'a fait naître, elle t'a fait grandir,

 A défriché ton sol pour te nourrir ;

Ses moines de leurs mains ont construit ces merveilles

De l'art, qu'admire encor notre siècle moqueur.

Ses évêques aussi, comme un essaim d'abeilles,

T'ont donné leur science et leurs pénibles veilles ;

Ont fondé tes cités, relevé ton honneur,

 Civilisé tes rois, aujourd'hui même,

Dépouillés, méconnus d'un peuple qui blasphème,

A tous les malheureux, oubliant leurs méfaits,

 Prodiguent l'or et les bienfaits !

 Mais non ! Dans leur fureur impie :

« Plus d'aumône, ont-ils dit, plus de secours banal !

« *Auri sacra fames!* Il faut le capital !

 « Sus au clergé ! qu'on le fusille !

 « Sus aux couvents... et qu'on les pille !... »

C'est bien !
Que resta-t-il, quand le peuple en démence
Put noyer dans le sang tout le clergé chrétien ?
   Que resta-t-il aux malheureux en France ?
      Rien !...

LE COCHE ET LA BARDOIRE

GAMBETTA MINISTRE DE LA GUERRE EN 1871

(Palois canut)

          17 janvier 1871.

Gn'avait z'un grapillat grimpoteux, malaisé,
A les croupes prussiens mêmement z'exposé,
Ousque six forts chevaux chinaient z'une carriole.
Y s'appelions Crochu, Faitl'herbe, Change-z-y,
    D'Oreilles, Finois, Beaumarqui...
    S'agissait pas de gaudriole !
L'artillage avait sué, n'avait été rendu ;
Le postyon, espèc' de vieille grolle,
De d'ssus l'impériale en traître descendu,
Avé ses dents n'avait chipé tous les avoines...
    Fenottes, séllateurs et moines,
    Pour pas allager les chevaux,
Piautraient z'à pieds dans les gaillots !...
Alorsse, te t'a coup, velà qu'une bardoire
Débaroule d'en l'air et va, sans barguigner,
Sur la banquette au postyon s'asseoire.
    De là, se met z'à bordonner
Contre les six mamis que pitrognont la piautre.
    Picote l'un, picote l'autre.

En leur z'y gueulant par darnier :
« Nom de nom ! Faut pas caponner ! »
Y commençait le gône à se mettre en colère
        Quand z'un vieux capucin,
                Malin,
    Que marmottait dans son bréviaire :
« Eh ! Eh ! dit-il, petiot, ça t'arregarde pas !
« Toi que n'y entends rien, te fais de z'embarras ?
« Au lieu de tant blaguer, de tant piquer ces bêtes,
« Que se passeriont bien de tes airs de *Trompettes*,
    « Va donc z'y graboter le grouin
« A ce roussin feignant venu de l'Italie
« Qu'a couté tant de yards... et reste à l'écurie,
    « Pour y chiquer le picotin !
« Et ceux-là qu'ont de peine y z'y crevont de faim.
« Allons, file !... » Mais l'autre avait de la rebrique.
Y vous l'y fisque un œil, comme un asse de pique :
« Nom d'un chien ! vieux marouffle ! Etes-vous pas content
        « Que j'aye monté sus le banc
        « Pour governer votre machine ?
    « J'ai bigrement travayé, j'imagine
        « Que vous en feriez pas autant.
« Et pis respétez-moi, je sis le Povois sans-traille !
        « C'est moi que gicle la mitraille !
        « Gare à vous si vous ronchonez ;
        « Je vous en fiche sus le nez ! »
Le vieux y répond rien, mais, les pieds dans la boue,
Pour aider la guimbarde, y poussait z'à la roue.
        L'insète, toujours bordonnant,
        Repicotait, se démenait,
            Comme z'une furie,
        Et japillait comme une pie.
A feurce de chiner, on arriva z'en haut.
    « Enfin c'est pas trop tôt ! »

S'écrie en soufflant la bardoire,

« J'ons eu de tablature à gagner la victoire ;

    « Oh ! qui fait soif ! oh ! qui fait chaud !

« Les chevaux sont couverts de poudre... et moi de gloire !

« Y z'allions reculer... j'étais là par bonheur.

« Fésez-moi chevalier de la Région d'horreur ! »

Ainsi certains Jeannots empoignent la ficelle

    De ça qui z'y comprennent rien.

    A ces mamis, un bon moyen

    De leur z'y refroidir le zèle,

  Serait de leur flanquer un claqueret

En bas de la grand'côte qui monte au cotivet !

LE LOUP ET L'AGNEAU

Pendant les horribles calamités de 1870-71, les intrigants du socialisme, d'autant plus menteurs vis-à-vis du peuple qu'ils étaient moins désintéressés dans la politique, firent courir les bruits les plus absurdes contre le clergé. On l'accusait d'abord d'avoir poussé le gouvernement à la guerre contre les Protestants ; puis, au contraire, d'avoir fait passer des ressources aux ennemis de la patrie, puis d'accaparer l'argent et les denrées, d'être la cause des malheurs du pauvre peuple... de favoriser l'ignorance... etc... calomnies ignobles qui ont déjà fait fusiller des prêtres et qui auront peut-être encore pour résultats d'autres catastrophes. La fable-chanson suivante y fait allusion. Elle se chante sur l'air du Tra-la-la-la :

I

Un loup que griffardait sus la fraternité

Dans le jornal des bét's de sa localité

Fut élu d'votaison au conseil généraux
Ousqu'y crachait sur tout... hormis les bons morceaux.

2

Or donc un vendredi qu'après un diner gras
Y se curait les dents des peaux de cervelas
Au bois de la Tête-d'Or, y rencontre un agneau
Qui s'rinçait la corgnole avé z'un bassin d'eau.

3

« Gredin, l'y dit le loup, lâchant z'un gros juron,
Qui qu'ta permis d'venir troubler ma digession ?...
— Pardon, dit le belin, j'vous savais pas si près
Mais si j'vous ai fait peur, c'est pas par esqueprès !

4

— T'esse un p'tit insolent, reprit le grand goulu ;
Nous savons qu'dans ta race on est pas mal ventru,
Vous lichez nos sueurs, vous mangez d'communards.
— Mais, m'sieu, j'bois que d'eau, j'mange que d'épinards.

5

— Fais pas tant l'épocrite, espèce d'aristo ;
Chaque matin — on y sait — dedans le *Figaro*
Te fais peter ton bec, te blagues contre nous.
— Pas vrai ! jamais j'écris dans de feuill's à quatre sous !

6

— Si c'est pas toi, crédienne ! alors c'est tes cousins,
Car on dit qu'ta famille est un tas d'galopins
Pour m'faire casser les reins t'as donné z'un milliard
Aux loups des aut'pays — Mais, m'sieu, j'ai pas le liard ! —

7

Comment ! t'as pas le liard? T'esse un menteur, foi d'loup !
T'amass' de blé, de vins, de jaunets, p'tit filou.
Et c'est toi qu'es la cause si l'peuple a pas de pain.
— Oh ! ça c'est z'une bètise pisque je crèv' de faim !

8

— Veux-tu bien tair' ta gueule ou je vas t'écrabouiller,
Quand on a pas plus d'aime on ne doit pas piailler,
Chez vous gn'a qu'd'imbéciles, de benèts, d'z'ignorants.
—En tout cas, repiqu' l'aut', nous ons de chiens savants. »

9

A ces mots, furieux, le sal' vilain bourru
Y vous l'y braqu' de z'œils ardents comme un chelu
Et pis ouvrant sa gnaque et l'y montrant ses dents :
« Te n'es qu'un clérico, je vas te mett' dedans. »

10

Sitôt dit, sitôt fait ! Le vieux l'y saute au cou
On entendit : hou ! hou ! — bé ! bé ! bé ! ça fut tout !...
Le soir à la gargotte avé z'un' autr' canaill'
Le loup déchicotait ses deux gigots... z'à l'ail !...

TROISIÈME PARTIE

LETTRES DIVERSES

M. Deslotrière avait beaucoup d'esprit : ce n'est pas une nouvelle pour les Croix-Roussiens. Dieu merci, dans son humilité si sincère, il l'avait tellement oublié qu'il ne pensait même pas à se tenir en garde contre les petites industries dont nous nous servions pour le « mettre en veine. » Aussi avons-nous pleinement joui des vives saillies de son humeur éminemment gauloise, et il nous en reste de bien doux souvenirs. En nous les rappelant, nous estimons, avec l'auteur de l'Imitation, que si la pure gaieté doit exister quelque part ici-bas, c'est dans les âmes pures et sur les lèvres des saints. Le bon Curé va le prouver lui-même dans cette troisième partie.

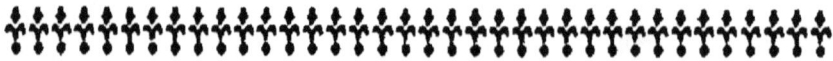

LETTRES DIVERSES

LA CROIX-ROUSSE (1)

28 novembre 1873.

I n'y a peut-être pas sous la calotte du ciel un pays dont on dise et pense plus de mal que de la Croix-Rousse. A ce nom, plus terrible aujourd'hui que celui des Bédouins autrefois, les bonnes vieilles de la campagne se signent, les gros messieurs pâlissent, les bourgeois tremblottent et serrent leurs goussets, les dames s'évanouissent, les paysans font de gros yeux effarés, le *Salut public* ROUGIT, et la *Décentralisation* crie aux radicaux..... que ça fait peur ! — Dès que, en France, il y a la moindre émotion, aussitôt : La Croix-Rousse a-t-elle bougé ?

— Se bat-on à la Croix-Rousse ?

— Pourvu que la Croix-Rousse ne descende pas !

— Vous habitez la Croix-Rousse !! Ah ben ! Ah ben !

---

(1) Cette lettre doit être classée au chapitre : LA QUESTION OUVRIÈRE, à la place de la lettre intitulée par erreur « La Croix-Rousse » page 24, et dont le véritable titre est : « La famille Landouillard. »

— Ah ! si j'étais le gouvernement... cette Croix-Rousse, je vous la bombarderais !

— Oh ! les voraces ! Peut-on bien être canaille.....

Doucement ! Doucement ! chers conservateurs à outrance. On sait bien où ça vous démange, allez ! Il fait si bon dire que les basses classes ne valent rien, n'est-ce pas ? Et puis on a tant peur pour ses petits écus ! Et puis, à ces pauvres canuts, il est plus facile de leur dire du mal que de leur faire du bien ! Allons, espèces de braves gens, on connait sa Croix-Rousse aussi bien et mieux que vous et on peut vous en donner des nouvelles parfaitement sûres.

Eh bien oui, à la Croix-Rousse, il y a des têtes sans cervelle, mais, comme j'ai déjà eu l'honneur de vous le dire ailleurs, c'est grâce aux balivernes de vos journalistes. Oui, il y a des abrutis ; mais c'est en bas qu'ils ont pris modèle. Oui, il y a des révolutionnaires et on vote rouge pas mal ; mais, chose curieuse, c'est toujours quelque bourgeois déclassé qui attrape le gâteau de la députation ou qu'on coiffe procureur de la République, est-ce vrai, ça, oui ou non ? — Oui, il y en a qui insultent les curés ; mais ils n'ont jamais su pourquoi, et au fond ils répètent tout bonnement en grossier patois, ce qu'en bas on leur apprend en bon français... vous comprenez ? — Oui, il y a eu la fusillade du clos Jouve ; mais qui avait monté le coup ? Demandez à Denis Brack et à d'autres qu'on pourrait vous nommer. En fin de compte, c'est le canut Arnaud qui a payé !...

Et ainsi de suite... il y en aurait long à dire, et sans vouloir excuser nos folies, de vrai ! nous sommes plus bêtes que méchants.

Et maintenant, au risque de passer pour un vantard, écoutez :

A la Croix-Rousse, proportions gardées, il y a plus de ·

gens qui gagnent *honnêtement* leur pain que dans certains beaux quartiers... vous entendez bien ?

A la Croix-Rousse, il y a moins de ces ménages borgnes, de ces vilaines petites manœuvres, de ces gueuletons illégitimes... vous savez ?

A la Croix-Rousse, il y a des vertus qu'on ne trouve guère.... quelque part. On y sait travailler et souffrir, boire l'eau claire et manger le pain sec, patienter avec le négociant et avec la misère, se coucher tard et se lever matin, griller en été dans une soupente ou geler en hiver sous un toit. Ah ! nom d'un petit bonhomme ! je voudrais bien vous y voir à la tâche, vous autres de là-bas en bas, seulement quinze jours : quelles jolies grimaces vous feriez ?

Oui, on les trompe, on les grise, on les gâte, on les surexcite ces pauvres ouvriers ; mais il y a là des cœurs d'or, des bras vigoureux, des *amitiés fortes* qui, dirigés vers le bien, feraient des prodiges. Je n'en veux pour preuve que cette association des *hospitaliers*, qui vont chaque dimanche raser les vieux des Petites-Sœurs, les malades des hôpitaux et de l'Antiquaille, les voyous des prisons, les infirmes et les incurables de toutes les catégories.

Ils sont là quatre cents membres actifs et presque tous de la Croix-Rousse. Et ils rasent pour rien. Et même, chose incroyable, ces diables de voraces n'ont jamais coupé le cou à personne, ni mangé un seul petit vieux !....

C'EST LA MODE !

6 janvier 1873.

Tout bon mari se croit obligé de critiquer les modes capricieuses de la femme, et, de vrai ! il y a bien la place. Je ne sais pas où diable les modistes vont dénicher toutes leurs espèces de falbalas; mais ça change, ça change, et toujours ça fait fureur, mais une fureur tyrannique.

« Mon ami, tu vas m'acheter ce chapeau velours noir, avec rose mousseuse tombante, dis? pour mes étrennes, n'est-ce pas?

— Mais, ma pauvre femme, tu as une demi-douzaine de chapeaux à la maison, et tous propres. Qu'en veux-tu donc faire?

— Oh! quelle horreur! si l'on peut bien parler de la sorte! Mais ils ne se portent plus. Depuis le temps!

— Ah! par exemple...

— Il n'y a pas de par exemple. Ah! ben! cacher mon chignon tout neuf avec de pareilles vieilleries... Ah! c'est la concierge qui rirait! Mais je n'oserais plus passer devant la bouchère. Et notre jalouse de Mme Jolibec... Et puis, aller à la messe avec une coiffure... démodée... de six mois?

— Porte-la rafraîchir à la modiste.

— Oh! pour le coup, la modiste ne voudra pas: sa maison serait déshonorée, perdue...

— Mais alors, quel prix... ce chapeau?

— Oh! un vrai petit chef-d'œuvre d'élégance et de bon marché... 50 francs.

— Brrr!!!... »

Et ainsi de suite, Monsieur. L'atelier, aussi bien que le salon, sont tous les jours témoins de ces scènes quelquefois tragiques; les manches gonflantes, les crinolines, les baldaquins, les chignons, les volants, etc... y ont tour à tour soulevé des tempêtes funestes à la bonne harmonie du ménage, autant qu'à la bourse du mari.

Déplorable, n'est-ce pas? nigaud? ridicule? Bien. Seulement, écoutez à votre tour, hommes si fiers d'aujourd'hui, qui vous moquez si agréablement des caprices de femme et des extravagances de la mode :

Qu'est-ce donc qui vous mène si bien par le bout du nez, vous aussi?

Vous, candidats à la députation, à un conseil quelconque, même municipal, pourquoi affichez-vous sur toutes les murailles d'une ville que vous êtes libéraux, et cela dix fois en cinq lignes

Vous, banqueteurs de brasseries, buvant le vin de caboulots, pourquoi tant de refrains à la liberté? Quand on sait bien que...

Vous, clubards de Grenoble, de l'Arbresle et autres lieux, pourquoi oubliez-vous de dire que vous êtes honnêtes et nous rabâchez-vous sans cesse que vous êtes démocrates?

Pourquoi M. Robin est-il matérialiste? Pourquoi M. Valette pose-t-il contre les miracles? Pourquoi les étudiants sont-ils athées?

Pourquoi un journal qui veut prendre, — c'est le cas de le dire, — se dit-il libre penseur, radical?

Pourquoi les bourgeois roulent-ils carrosses avec un *Petit Lyonnais* ostensiblement fixé entre le pouce et l'index? Benonis, va!

Pourquoi, entre canuts, ce mot répété dix fois le jour: As-tu vu le *Petit Lyonnais*, achète-moi un *Petit Lyonnais?* — Sans jalousie, M. Duvand, nous ne faisons pas le même métier, Dieu merci!

Pourquoi dans toutes les soupentes trouve-t-on collée la chemise rouge du grrrand Garibaldi à côté de la barbe blanche du grrrand Raspail?

Pourquoi tout commis qui se respecte crache-t-il à chaque pas des mots incompris comme : rétrograde, ignorantins, jésuites, cagots, progrès, lumière, étouffoir.

Pourquoi mon négociant se dit-il républicain? mon balayeur, républicain? ma tordeuse, républicaine? mon propriétaire, républicain? les conscrits, républicains? les

voleurs, républicains? Arago le millionnaire, républicain?
Gugusse crevognard, républicain? le P. Marchal, républicain? Faidherbe, républicain.

Autant vaudrait demander à ma femme pourquoi elle
veut son chapeau velour noir avec une rose mousseuse
tombante.

Et parbleu! c'est la mode !

LES AGRÉMENTS DE LA CROIX-ROUSSE

13 décembre 1872.

Quand ma bourgeoise a lavé le bec à ses moutards,
elle ne se tient pas pour quitte qu'elle n'ait aussi frotté et
torchonné ses poêlons, sa bassine, sa coquelle, fait reluire
l'armoire, la commode, décrassé les vitres, bouillanté les
assiettes, épongé la cuisine, etc...

Faut bien aussi que moi, dans mon petit ménage de
correspondant, je passe, de temps en temps, des hommes
aux choses : ce sera ma tâche aujourd'hui. Et cristi! par
là-haut, il y a bien quasiment autant à dire d'un côté
comme de l'autre.

Je dois d'abord vous dire un nouveau : j'ai reçu ma
pièce. La tordeuse était donc en train de me tailler d'ouvrage pour deux mois; tiens! que je me suis dit, laissons
donc ces deux fenottes caqueter un brin sur le dos de
leurs maris respectifs, et allons faire un *cinq-cents* avec le
beau-frère des Tapis. Manquablement que nous aurons
aussi à jaser sur le compte de nos deux *gouvernements*. —
Rien de la politique.

Sitôt dit, je m'escanne tout plan-plan... Ah! le drôle de
voyage que j'ai fait, de la Grand'Rue à la rue Duviard!

J'en suis revenu crotté, parfumé et saucé, que c'était comme un bouquet de fleurs.

J'arrive d'abord à la place de l'ancienne Mairie, au moment où l'on chargeait un wagon de fumier pour les artichauts de Caluire; mais là, de vrai! franc à la barbe du monde, sous les fenêtres des canuts; une fumée blanche et humide que le vent vous soufflait dans le nez...Pouah!

Heureux quartier, va!

Pour musique, le sifflet de la locomotive, quatre fois par heure, toute la journée et les trois quarts de la nuit; pour parfums, des tas de fumier encore chaud..., sans parler de celui qu'on mène au camp de Sathonay!... Pour agréments, des bœufs qui s'échappent de la gare pour secouer leurs cornes à travers les rues classiques de la liberté.

Enfin, passons. Je me pince le nez et enfile lestement la ruelle des Tapis... Oh! bien nommée, je vous jure, un vrai tapis, mais pas de mousse. J'avoue qu'il pleuvait. Je quitte ce ruisseau... pardon, la ruelle! et monte à la rue Jacquard par un talus. — Je vote pour qu'on y mette un bec de gaz : il en verra de grises, ou peut-être il les empêchera.

Cinquante pas, et me voilà en rue Duviard, cette fameuse rue Duviard, qu'on a bêtement bouchée du côté du soleil par une mairie plantée tout de travers; si bien que, pour point de vue, il ne reste plus aux canezards que la consolation de se regarder mutuellement manger la soupe d'un côté à l'autre de la rue. Ah! pauvres vieux, ceux qui vous ont bouchés comme ça ne l'étaient pas mal non plus.

Or donc, au coin de cette rue, il y a une buanderie qui mérite un mot. S'il n'en sortait que la buée mêlée aux jurons et aux grivoiseries des lavandières, oh! alors, vous savez, on s'y attend : il n'y a pas de feu sans fumée. Mais à côté de la porte on a percé un vrai canal, qui livre passage à un mélange affreux. C'est bleu, c'est jaune, c'est vert, c'est blanc, c'est noir, on dit même que c'est rouge quand on lave les chemises de Chepié.

Si tout près, au moins, se trouvait une bouche d'égout; mais, vous allez voir.

Le ruisseau, qui peut porter canard — sans rire — puisqu'on y a noyé des chats, tourne à gauche, se promène trente pas le long d'un trottoir défoncé, passe devant une école de filles — qui songent, dit-on, à pétitionner pour un pont gratuit et laïque — baigne les pieds d'une borne-fontaine dont le ressort dérangé laisse tomber ses flots nuit et jour, coupe la rue en travers — tout comme la mairie, parbleu! — s'avance à droite dans la rue Perrod — là on se propose de demander une traille à la municipalité — se promène encore quarante pas, coupe la rue d'Isly; tourne à gauche, se grossit de l'affluent d'une écurie à vaches, passe devant une autre école — de garçons, celle-là, qui peuvent ainsi patiner tout l'hiver sous les yeux de leur maitre, et sous la surveillance proverbiale du citoyen Clarin, — étale encore ses ordures une trentaine de pas, et finalement va cacher son savon et ses crottes dans un égout pour de bon, après les avoir roulés sur une longueur de 80 mètres.

Vous avouerez qu'il y a là un laisser-aller et un sans-gêne délicieux. Je conseille à M. Vallier, de l'instruction publique lyonnaise, de ne pas oublier, dans sa première édition de sa géographie, ce cours d'eau d'un nouveau genre.

Il prend sa source au lavoir du coin, se moque en passant de tout le monde en général et de la voirie en particulier, abime trois rues, s'éparpille quand bon lui semble, et voilà.

Quant aux propriétés d'hygiène que peuvent receler ses eaux, on les résume ainsi :

En hiver, elles inondent la moitié de ces trois rues, font tomber vieillards, femmes et enfants ; en été, elles empoisonnent et fourmillent de petits insectes dégoûtants ; souvent aussi elles remplissent les sabots de ceux qui ne se croient pas obligés de porter des échasses.

Signe particulier : Le cours d'eau en question est fréquenté par des canards qui y barbottent du matin au soir, ce qui lui donne une vague ressemblance avec le *Petit Lyonnais.*

Enfin, il est intermittent.

LE PAYS DES TRUCS

6 février 1873.

Dans ma dernière lettre, je vous parlais d'un *truc* imaginé par nos libres faiseurs d'embarras pour tripoter les morts. Ce mot m'a fait rêver, croiriez-vous? et depuis quelques jours, je ne puis plus ouvrir mes quinquets sans voir des trucs.

D'abord un truc, selon moi, c'est comme qui dirait à la *ficelle,* cette machine qui monte les voitures. Ils ont appelé ça un truc, parbleu ! manquablement c'est parce qu'il ressemble aux autres.

Un truc, c'est donc une manivelle pour ceux qui veulent monter... monter à la fortune, monter municipal, monter procureur de la République... ou d'autre chose, monter à Versailles... je veux dire monter sur le boulevard des honneurs et des pièces de cent sous.

Tant seulement qu'on tâche de cacher la ficelle... mais voilà tout.

Enfin, je ne sais pas si vous comprenez, mais moi je comprends bien.

Si bien, encore une fois, que partout il me semble voir des trucs.

L'épicier du coin avait un cuchon de figues qui s'embêtaient depuis longtemps derrière sa vitre. En avant le truc! Il a fait coller en beau devant trois mots : *Figues de Garibaldi*, et il ne lui en reste plus... sans compter qu'on lui en retient d'avance.

Une petite damoche — supposons qu'elle demeure bien loin, bien loin — était bien tant sage avant la République, mais tant sage qu'on se la montrait du doigt, ce qui ne l'empêchait pas d'être, comme on dit, au-dessous de ses affaires. Arrive le 4 septembre, vite, elle porte son truc, je veux dire ses révérences à l'Hôtel de Ville de son pays, et ça petit, ça monta si bien, si bien, que ça devint par la suite directrice des... trésorière du... Ah! diable! taisons-nous, ça brûle!...

Et voilà le truc.

Et les affaires de la petite damoche vont très bien. Elle n'attend plus qu'Henri V pour revenir faire ses révérences au bon Dieu, mais prenez garde, ma petite dame, il évente les trucs celui-là.

Un monsieur qui s'appelle Andrieux, sans le nommer, se trouvait en prison, je crois, quand rougit l'aurore de la République. Tout à coup le voilà qui se met en colère, mais dans une colère bleue, je veux dire rouge, mais plus rouge que le drapeau.

« Envoyez vite à ce pauvre mimi, écrivit Challemel-Lacour, un papier Wlinsi où il y aura écrit dessus : *Procureur de la République*, ça le ramènera à la modération. »

Le lendemain, le papier avait fait déjà une gonfle, le mami était guéri.

Eh! ben quoi? je l'ai lu avant-hier dans le journal.

Oh! puis, je n'en finirais pas si je voulais tous vous

les dire. Tout le monde quasiment en a des trucs, à tel point qu'avant un an, il n'y aura peut-être plus que ça qui marchera.

Les théâtres en ont inventé pour faire voler en l'air les poutrones comme des oies sauvages, les négociants pour faire peser la soie au double, les pharmaciens pour devenir généraux, les tullistes pour passer marchands de fusils, les Malicki pour payer leurs maitresses, les marchands de vins pour faire le bourgogne, les Gambetta pour devenir ministre de la guerre, et ministre à l'œil, s'il vous plait, les avocats pour arriver embassadeurs, les banqueroutiers pour rester millionnaires, les crève faim pour avoir des gigots à l'œil, etc..., bref, tous les rien du tout pour devenir quelque chose.

Mais le plus gros, nom d'un petit bonhomme, c'est le truc imaginé par le comte Sparre ; celui-là, par exemple, j'ai eu beau ouvrir de grands yeux, essuyer mes lunettes, je n'ai jamais pu débrouiller les manigances de son métier à trucs.

Le fait est qu'il a d'abord empoché 20.000 francs, puis 450.000 francs que va lui payer la ville, puis encore 350,coo francs qu'il réclame pour ses faux frais, et... il n'a pas rendu un pouce d'ouvrage. Et pour le remercier d'avoir accepté ces 900.000 francs, on lui a donné la croix par-dessus. Hein ! les gones, qu'en dites-vous ?

Oh ! les trucs, ça prend, ça prend ! Ça va mieux que la canuserie, allez. Et dire qu'un honnête canut tape encore 3.000 coups de battants pour gagner trente sous. Benêts, va !

UN DÉCRET DE M. DUCROS

Juin 1873.

Papa Ducros peut se flatter d'avoir fait endèver les mamis libres-bavards de la Croix-Rousse. Un bâton dans une fourmilière ne fait pas plus de ravages que cette affiche de l'autre jour. Si vous voyez comme tout ce monde se démène, se questionne, gesticule, fait le poing, branle la tête, fait des yeux et écume. Ah! puis, pas mal! il ne manquait plus pour finir que de défendre la vente au *canon* chez les épiciers. M. le citoyen Préfet, y pensez-vous? Enlever comme ça tout d'un coup les enterrements civils aux maris fainéants, et le *canon* aux fenottes sur l'âge... elles n'avaient cependant que ça pour se consoler, et eux pour ne rien faire.

Allons, vous n'êtes pas charmant, citoyen Préfet de la maison de ville; où donc est le temps où les lieutenants pouvaient payer à leurs lieutenantes des *canons* qui ne leur coûtaient rien... jusque dans la cour de votre préfecture! La réaction a tout abîmé ces petits bonheurs. Aujourd'hui il fallait se contenter, pendant que le mari était à l'enterrement civil, d'aller chez l'épicier du coin. On, c'est-à-dire, elle, entrait par la porte d'allée, s'introduisait par la cuisine, personne ne la voyait; ou bien elle avalait ses deux *canons* pendant qu'on lui pesait son beurre, sans faire semblant de rien, que c'était commode tout plein.

Et puis voilà maintenant... oh! vrai! tout de bon! monsieur le Préfet, vous n'êtes pas charmant.

Et gare à vos épaules! on dit qu'elles sont solides, ce ne sera pas de trop.

Au fait, chacun prend son plaisir où il le trouve. *Elles* le trouvaient là, *eux* le trouvaient dans la liberté de conscience, comme dit M. Très-Sensé.

A preuve :

— Vous comprenez bien qu'on n'habite pas vingt ans la Croix-Rousse sans connaitre un peu les rubriques du quartier et les petites historiettes d'ici et de là.

Or donc, la preuve :

Mme R., une brave femme que je connaissais par alliance, mourut bien confessée, et très contente de l'ètre. Son fils la fit enterrer comme un chien, en ayant soin de lui faire suivre quasiment tout le Boulevard. Vous voyez que si ce fils n'aimait guère sa maman, il aimait au moins la liberté de conscience.

M. A., ouvrier honnète, mourait quelque temps après, épuisé par le travail, et recommandant à sa femme de ne pas le laisser mourir et enterrer sans prètre. Par respect pour sa volonté, et afin de ne pas blesser la liberté de conscience, le prètre fut mis à la porte et l'homme enterré avec un triangle.

J'étais alors à l'hôpital de la Croix-Rousse. Une certaine semaine, il se fit là dix enterrements civils. Etonné, je parlais de cette affaire à un employé de l'hospice. C'est vrai, me dit-il, mais sur ces dix, huit venaient de faire leurs Pàques...

— Eh ! gros benèt, que je me dis après une minute de réflexion, tu ne vois donc pas que c'est la liberté de conscience ?

Enfin, pour en finir, Mme T., jeune femme de 30 ans, avait été abandonnée par son mari et se mourait autant d'ennui que de maladie. Un curé de sa famille la vint voir, lui donna les sacrements et les consolations religieuses, qu'elle reçut avec des larmes de joie. Le curé ordonna ensuite et paya l'enterrement, et accompagna sa parente au cimetière.

Or, en même temps, les parents du gentil mari de cette pauvre défunte invitaient le clan des libres penseurs, qui se rendirent en foule aux funérailles. Ils n'entrèrent pas à l'église, ça va sans dire ; mais à la porte du cimetière, quand le curé et la famille d'elle furent sortis, les frères et amis firent la quête pour les détenus politiques. Qu'en pensez-vous ? Je remplirai les initiales quand vous voudrez. Quand je vous disais que ce brave préfet a joliment dérangé leurs canons et leur liberté de conscience.

M. CHAMPAVERT

17 juillet 1873.

Connaissez-vous, par hasard, le monsieur qui bégaie du patois dans la *Gazette du Gourguillon* ? Mes compliments, s'il vous plait, à ce brave homme de Champavert, et dites-lui de ma part qu'il parle le *canut* comme une vache espagnole, sans comparaison.

Un paon muait : un geai prit son plumage,
    Puis après se l'accommoda ;
Puis parmi d'autres paons tout fier se pavana,
    Croyant être un beau personnage.
Quelqu'un le reconnut : il se vit bafoué,
    Berné, sifflé, moqué, joué...

. . . .

Il est assez de geais à deux pieds comme lui
Qui se parent souvent des dépouilles d'autrui.

. Eh bien ! ma parole ! si Champavert a trouvé la plume de Guignol, ça lui va à peu près comme à une dinde un parapluie.

Oh! mais, vrai! c'est drôle ce baragouin. Hier, pour mes deux sous, j'ai voulu payer une tranche de cette gazette à quatre ou cinq camarades; vous dire ce qu'on a ri!... et de Champavert et de mes deux sous. Pauvre Champavert!...

Eh oui! on trouve comme ça pas mal de gens qui parlent sans savoir, quitte après à se mirer dans un article de journal comme une fillette dans son miroir.

Pas mal de gens qui veulent... siffler plus haut que le bec, et qui vous arrapent tout juste les outils auxquels ils n'entendent rien.

On a vu des regrolleurs faire des lois, des navetiers inspecter les écoles, des garçons de café organisant la police, des médecins passer maquignons et marchands de farines, des repris de justice diriger les prisons, des coiffeurs surveiller les mœurs, des avocats râpés gouverner la France, des journalistes à trois sous partir ambassadeurs, des bavards ministres de la guerre, etc....

Mais pour en revenir au baragouin de M. Champavert,

Cha n'est pas de l'auvergnat;

Ce n'est pas davantage l'*assent marseyais*;

Ça ressemblerait un petit peu au gascon, moins l'esprit;

C'est peut-être une tartine pour le shah, je veux dire du Persan;

Mais pour sûr et certain ce n'est pas du *canut*.

Eh ben non! pauvre mami Champavert, à quand même te ferais gicler ton encre contre moi pour te revenger, je veux z'y dire à tous les gones.

T'esse pas plus des Pierres-Plantées que moi du Gorguillon;

. T'esse pas plus canezard que moi myonnaire; et si t'attends arrimais la fin de ta pièce pour chiquer de grattons, te peux ben compter, non d'un rat! que tes boyes y

battront longtemps le rappel sus ta basanne de petit
bargeois.

Pardon, mais c'est si drôle de jaser un brin comme autrefois. Ça me rappelle mon Grand, voyez-vous... Dieu
ait son âme!

P. S. — Un secret, un grand secret.

Un gros homme à blouse bleue et casquette noire criait
ce matin sous ma fenêtre : Abricots d'Ampuis! à quatre
sous le kilo! Griottes! griottes! trois sous la livre!

Pas cher! que je me dis. Et aussitôt je dégringole par
l'escalier et me voilà vers le bonhomme.

Il me fixe d'abord, fait une légère grimace, puis soule-
vant le linge de son panier... que vois-je ?... Grand Dieu!...
des *Petits Lyonnais !...*

Oh! n'en dites rien, s'il vous plaît, j'ai été trop pe-
naud.

LE PHYLLOXERA A LA CROIX-ROUSSE

24 juillet 1873.

On vient de me raconter que l'autre jour, à la Chambre, il y a eu grand émoi quand on a su que les bêtes
mangeaient la vigne dans le Midi, et que nos députés,
pour ne pas exposer le pays à une pépie universelle — ce
qui aurait peut-être contrarié les banquets et tari les
discours de Gambetta — ont nommé une commission
chargée de combattre ces petits animaux *jusqu'à complet
anéantissement*, comme dirait M. Hénon.

Parfait, direz-vous! Je suis de votre avis, et pour vous
le prouver mieux encore, je vous prierai de faire passer à
nos députés radicaux du Rhône la pétition suivante, dont
vous comprendrez facilement le motif et le singulier
à propos :

*A Messieurs les citoyens Ferrouillat, Rane, Guyot, Leroyer,
Millaud, Ordinaire, etc., députés des radicaux du Rhône,*

Salut, honneur et poignées de mains.

Je prends la liberté de vous repasser la présente, à seule
fin de vous exposer l'état de la situation de vos électeurs
de la Croix-Rousse.

Simple canut, j'ai tremblé d'abord de me présenter
devant vous ; mais ce qui me rassure, c'est le zèle avec
lequel vous détruisez les bêtes qui mangent la vigne dans
le Midi.

Un fléau analogue, hélas ! désole en ce moment les
habitants du Plateau. Les bêtes de partout nous envahis-
sent, et si, pour de bonnes raisons, nos vignes n'en souffrent pas, en revanche, notre peau se percille comme une
écumoire.

Je ne vous parlerai pas des rats qui trottent dans la
panetière, ni des cafards qui nichent dans le garde-
manger, ni des artisons qui déchicotent notre linge et
piquent nos rouleaux, ni des iragnées qui sautent à la
corde sous le plancher. Toutes ces bêtes-là, ce n'est rien
en comparaison des autres... qui logent à la soupente.
Ah ! cristi ! rien que d'y penser, voyez-vous, ça vous fait
frissonner entre les deux épaules.

Manquablement vous n'avez jamais couché dans une
soupente au gros des chaleurs, citoyens députés radicaux,
et il va falloir vous expliquer les affaires. Eh bien ! une
soupente, c'est une espèce de caisse en bois de sapin de
quatre pieds de haut, accrochée par les quatre membres
aux chevrons de l'atelier. On y arrive par une échelle et
on s'y couche par la raison bien simple qu'on ne peut s'y
tenir debout. Un chrétien, à la renverse, peut encore y
avoir dix pouces d'air au-dessus du bec, et, pour tout

dire, c'est un canut ainsi encaissé qui inventa jadis le proverbe :

« Ne crache pas trop haut, ça te retomberait sur le nez... »

Or donc, c'est là qu'on enferme les trois quarts et demi des canuts, censé pour dormir, de dix heures du soir à cinq heures du matin, et c'est là aussi que logent les petits animaux dont j'ai l'honneur de vous parler.

Ces bêtes-là sont rouges et ne sortent que la nuit. Les unes gambadent et sautent, qu'il n'y a pas moyen de les joindre, tout comme le citoyen Ranc : on croit le pincer à Paris et il saute en Belgique. Les autres, on n'ose quasiment rien en dire, tant ça fait regret... enfin, quoi ! elles ont un gros ventre et ne sentent pas... la rose.

Eh bien, oui ! mais c'est inouï les ravages que ça fait sur le corps aux pauvres ouvriers. Au lieu que les fourmis travaillent et économisent pour vivre, ces bêtes-là ne veulent rien faire que sucer le monde ; ça vous pompe le sang, et ça boit sec comme des démoc... pardon ! comme des réacs.

En présence de ces calamités, citoyens radicaux, au nom de la canuserie menacée je vous présente mon humble requête. Vous nous aviez promis de faire baisser le pain et monter les façons, de supprimer les impôts et d'amener le partage, de faire pleuvoir des écus et des bécasses rôties. Mettons ça de côté, si vous voulez : nous vous en tenons quittes ; mais délivrez-nous des iragnées, des artisons et surtout des puces et des bardanes. Il y va de votre honneur et du salut de la démocratie.

Citoyens, n'oubliez pas le mandat impératif.

Citoyens, vous avez promis de défendre nos formes républicaines par tous les moyens ! souvenez-vous qu'on nous ronge, qu'on nous larde, qu'on nous pique, qu'on nous suce !

Citoyens, faites vite, sans quoi, à l'époque de la dissolution, il pourrait bien ne rester de vos électeurs que des
casquettes et des semelles de galoches.

DE L'HOMME DE LA ROCHE A St-BONAVENTURE

8 janvier 1874.

La lecture d'un livre de M. Jules Verne, intitulé : *Voyage
de la Terre à la Lune*, m'a donné l'idée de vous raconter
aussi un voyage que j'ai fait il y aura dimanche quinze
jours.

Comme je veux éviter à tout prix les personnalités, je
ne vous dirai pas le nom de la ville qui a eu l'honneur de
ma visite. Toutefois la clarté du récit n'y perdra rien.
Voyez plutôt.

C'était à la messe de six heures. Il faisait doux. « Tiens,
que je dis à mon voisin Philibert, puisque le dimanche
est fait pour manger ses rentes, si nous allions nous payer
une partie de jarrets sur les quais de Saône?

« — Et pourquoi pas! Baptiste, qu'il me répond. Pour
une fois la bourgeoise se passera bien de nous pour
l'atelier. » Et nous voilà partis.

De la Croix-Rousse à l'Homme de la Roche, par la
montée Bonaparte, il n'y a pas loin, comme vous le
savez. Nous y fûmes en deux enjambées. Le bonhomme
de la Roche était comme toujours botté, peigné, lavé, rasé
de frais; c'est-à-dire que sur le quai, il n'y avait à peu
près que lui de propre. Tout le reste, si vous aviez vu!
Ces pauvres fenottes qui venaient en courant verser leurs
impositions dans la caisse aux équevilles! Enfin, suffit.
Le monde n'est pas beau, le matin, de vrai! C'est peut-
être pour ça que les grandes belles dames se lèvent si tard.

Un autre spectacle nous attendait en face de l'église de Saint-Paul. Il pouvait être cinq heures. Tout à coup, nous recevons en pleines oreilles, une pétarade abominable de coups de mine. Les vitres dansaient comme autrefois le 15 août, pendant le bouquet du feu d'artifice.

« — Eh bien ! M. Mangini, criait Philibert en se tenant la tête à deux mains, si vos électeurs catholiques de Saint-Paul ne vous aiment pas, c'est qu'ils sont difficiles ! Vous avez trouvé un drôle de moyen pour les empêcher de dormir au sermon.

« — Ne plaisante pas, vieux, que je lui réponds. Ce monsieur là peut avoir besoin de travailler plus que tu ne penses.

« — En effet, depuis qu'il est député là-haut, il perd beaucoup de temps la semaine ! faut bien qu'il se rattrape sur le dimanche.

« — Et puis, vois-tu, les gros ne sont pas si heureux à l'heure d'aujourd'hui, surtout depuis qu'on a enchéri les allumettes. Qui sait ! le pauvre Belin n'a peut-être pas de quoi tremper la soupe ce matin.

« — Dis donc, Baptiste, je prends mal au cœur : si nous allions au Parc, hein ! respirer le bon air ?

« — Allons-y, parbleu ! Bien, aussi nous verrons si l'ours Martin travaille le dimanche. »

Nous étions déjà en rue Puits-Gaillot, lorsque, en longeant le Grand-Théâtre, nous apercevons collée à la muraille une grande affiche verte que les passants lisaient avec avidité. Je plante aussitôt mon nez entre deux faux-cols, et je lis :

« *Grand'messe solennelle dans l'église Saint-Bonaventure.* »

Puis à droite : *La fille de Mme Angot.*

Puis à gauche : *L'oncle Sam.*

« Tiens ! » dit Philibert en me regardant. Et moi, de même. Et machinalement nous nous dirigeons du côté de Saint-Bonaventure.

Arrivés au *café des Deux-Mondes*, nous retrouvons pendues derrière la vitrine la grande affiche verte et les deux autres : *Grand'messe solennelle... La fille de Mme Angot... L'oncle Sam...*

« Tiens ! »

Cinquante pas plus bas, c'est le café Jean Maderni, et pour changer nous y lisons : *Grand'messe solennelle... La fille de Mme Angot... L'oncle Sam.*

« — Pauvre bon Dieu ! murmurait Philibert, toujours entre les deux larrons ! »

A l'église, il n'y avait encore rien... qu'une messe basse. La grande était pour une heure. Nous remontons, en lisant un journal — catholique s'il vous plait — où il y avait à peu près ce langage :

« Nous avons le plaisir d'annoncer aux amateurs de musique deux grandes fêtes pour aujourd'hui : l'une à Saint-Bonaventure, l'autre à l'Alcazar. » — « Tiens ! »

Donc, à une heure moins dix, j'étais de nouveau sur la place des Cordeliers.

« — Votre carte, monsieur, s'il vous plait.

« — Je n'en ai pas.

« — Pour lors, on n'entre pas.

« — Ah ! »

Je tourne les talons, et que vois-je venir ? Mon ancien commis de ronde, un libre penseur de premier numéro.

« — Où allez-vous donc, comme ça, Monsieur Alfred ?

« — A la grand'messe...

« — Vous à la messe ? Mais...

« — Oh ! à la messe, vous comprenez ! Mais j'aime beaucoup la musique.

— « Ah ! »

Brrr ! ! ! je m'aperçois, à la fin de mon voyage, que je marche sur des cendres chaudes !... Tout de même on voit des choses singulières !...

LA VOIRIE A LA CROIX-ROUSSE

30 juin 1874.

C'est le cas de dire que nous allons changer de matière... à conversation; le mot n'est pas trop fort, comme vous allez voir.

A l'époque où Lyon avait une si grande favette de la fièvre typhoïde, je me rappelle avoir vu, deux ou trois fois, un homme jeter dans les ruisseaux de nos rues — car nos rues du Plateau ont des ruisseaux, ne vous déplaise, et tout ce qu'il y de plus *ruisseaux* — une certaine drogue, qui ne sent pas bon, de vrai! mais qui empêche, paraît-il, à certaines autres... choses de sentir mauvais.

Ce remède est-il vraiment la fleur des pois? et cette espèce de farine blanche qui s'appelle chlore, je crois, semée sur des tas de boue empestée, peut-elle sûrement nous garer de la fièvre? Nous autres canuts, nous ne pouvons raisonnablement en douter, puisque les savants disent que oui. Mais, là, franchement, malgré que je ne suis pas savant, il me semble qu'il y a un remède qui vaudrait censé mieux. Et oui, vous l'avez deviné : ce serait tout simplement de supprimer les tas de boue, et de faire passer ces vilains ruisseaux sous le pavé.

Comment! dans les beaux quartiers de la ville, il y a de larges égouts, on lave tous les jours à grandes eaux, on balaye du matin au soir quelques brins de paille, quelques traces de carrosse ou d'omnibus — hélas! les plus beaux chevaux ont des... infirmités — et chez nous, dans un quartier d'ouvriers, et par conséquent plus populeux, et par conséquent encore où il y a beaucoup plus de débris,

de *relavailles*, etc... on ne ferait rien pour la propreté !
Mais je me trompe, on fait quelque chose, et je m'en vais
vous en donner une idée.

Un grand nombre de nos rues n'ont pas d'égout, et
pour le service des relavailles on a imaginé deux ruisseaux,
dans toute la force du terme, qui suivent les bords du
trottoir, quand il y a un trottoir. Là, se déversent les
cornets d'*évier*, l'eau de savon, les bouillons gâtés, certain
autre liquide qu'on dépose avec assez de sans-gêne dans
l'allée ; on y jette les rinçures de bouteilles, les pelures de
raves, les résidus des petites lessives de maman, etc., je n'en
finirais pas, quoi ! Puis, la rue n'ayant point ou presque
point de pente, comme toutes les rues du Plateau, tout ce
beau mélange reste là à grouiller, à fermenter ; et lorsque
la chose est à point, ou qu'elle va déborder sur le trottoir,
savez-vous ce qui arrive ? Il arrive un cantonnier, et voici
sa besogne :

Armé d'un balai et d'un racloir, il commence à ramener
avec ce dernier, tout le plus gros au milieu de la rue —
c'est le moment de fermer la fenêtre et de se tamponner le
museau — puis, à grands coups de balai, il vous étend
sa marchandise en large comme une rôtie au fromage...
et puis...c'est fini. Le soleil se charge de dégager le parfum
et vous n'en perdez pas une bouffée.

Vous avouerez que le système est ingénieux et digne
d'une grande ville comme Lyon. Aussi bien les canuts,
touchés des sollicitudes de la voirie pour le bien-être de
leur quartier, sont-ils en train de lui préparer un compliment avec un gros bouquet, qui sera l'emblème des
améliorations apportées aux rues : Calas, de Cuire,
Dumont, Saint-Augustin, Jacquard, d'Enfer, de Belfort,
d'Ivry... et à tant d'autres.

Et sans rancune !

COLAS, CONTE DE NOEL

31 décembre 1874.

Puisque nous voici au premier de l'an, n'oublions' pas une petite histoire en guise d'étrennes à ces bons conservateurs. En général, je le répète, ces braves gens se passent plus facilement de Dieu que de leurs écus ; ils s'en passeraient même entièrement n'était la frayeur pour leurs écus, et quand ils ne peuvent s'en passer, ils n'en prennent que juste... pour abriter leurs écus. Cela dit, passons à notre histoire.

Lorsque mon vieux grand-père nous la contait, au coin du feu, la nuit de Noël, au pétillement de la bûche traditionnelle, il commençait ainsi :

Il y avait une fois un potier nommé Colas qui, grâce à Dieu d'abord, et à son travail ensuite, s'était amassé une jolie petite fortune. A dix lieues à la ronde, on vantait la forme de ses berthes, la solidité de ses casseroles et le vernis de ses cruches à l'eau. Si bien que l'argent arrivait bon train, une vraie bénédiction.

Mais l'argent, dit-on, tourne la tête, et notre Colas n'y tint plus quand il vit s'arrondir pour de bon son ventre et son boursicot.

Lui qui, autrefois, ne se serait pas couché sans eau bénite ni levé sans prière, lui qui de père en fils se signait dévotement à chaque fournée, lui, chantre au lutrin et ami de son curé, trouva bientôt que le *Pater* était un enfantillage et le dimanche une perte de temps.

« A d'autres vos bigoteries et vos sermons ? répondait-il à ceux qui l'en blâmaient, votre bon Dieu n'a jamais fait mon ouvrage ni chauffé mon four, et si j'ai quatre sous devant moi, ma tête et mes deux bras savent ce qui leur en a coûté. »

Or, un soir, le 24 décembre, M. Colas — car il se faisait appeler M. Colas, comme de juste — conduisait à la ville une lourde charrette chargée de vaisselle neuve.

Un vent chaud mugissait dans les pins, la neige fondait rapidement sur les monts, et par toutes les rigoles on entendait l'eau tomber dans les fossés du chemin. C'était le grand redoux.

L'orgueilleux potier allait donc commettre un crime le beau jour de Noël. Mais le ciel veillait.

Au milieu du bois un vieillard l'accoste :

« Eh, bonjour, l'ami, où allez-vous donc si vite ?

« — Mais, à la ville, parbleu !

« — Etes-vous bien sûr d'y arriver, l'ami ?

« — Tiens, quelle question ! On y est bien arrivé d'autres fois, que diable ! Et avec un bon cheval...

« — C'est que jadis à pareille question vous répondiez : Dieu me garde. Il paraît que, aujourd'hui, monsieur Colas n'en a que faire !

« — On vous tient quitte de vos observations, vieille barbe grise: si Dieu me garde, j'arriverai; s'il ne me garde pas, eh bien ! j'arriverai quand même ; avez-vous compris ? »

Ce vieillard n'était autre que Joseph, l'ouvrier de Nazareth.

Cent pas plus loin, Colas, c'est-à-dire M. Colas, rencontre une bonne femme. « Mais, monsieur Colas, vous n'allez pas du bon côté; et la messe de minuit, donc ?...

« — Pas tant de soucis, la belle, s'il vous plaît; la

messe est pour ceux qui n'ont rien à faire ; pour moi, je m'en passe mieux que de mon diner. Allez votre chemin, je vous prie. »

C'était la bonne Vierge.

Un quart d'heure après notre homme se croisait avec un tout jeune enfant.

« Eh bien ! père Colas, lui dit le passant, on s'en va comme un païen vendre sur place le beau jour de Noël ? Vous savez bien que le bon Dieu le défend ?

« — Que le bon Dieu le défende ou ne le défende pas, on vendra quand même. Et toi, petit manant, si tu ne fermes pas ton bec, tu auras mon fouet sur la figure.

« — Adieu, monsieur Colas, reprit l'enfant, prenez garde, monsieur Colas ! »

C'était le petit Jésus.

« — Ils se sont donc donné le mot pour m'agacer ? » se dit en jurant le gros potier ; et il se retourna vivement pour allonger le coup de fouet.

Mais il oubliait, le malheureux, que la route était en cet endroit bordée par un précipice. Le mouvement brusque secoua trop les guides du cheval qui tourna sur le côté et entraina au fond du ravin la voiture et le charretier.

Il va sans dire que tout fut perdu : le cheval tué, le char brisé, la belle poterie moulue. Mais c'était là le moindre mal. Colas avait roulé, lui aussi, jusqu'au fond du précipice, espèce d'entonnoir où croupissait une mare de boue. Enfoncé jusqu'aux épaules dans la vase, il cherchait en vain du pied un appui solide. Plus il remuait, plus il s'enfonçait. Par un surcroit de malheur, le redoux semblait fondre la montagne ; l'eau et la boue coulant de tous côtés faisaient rapidement monter le niveau de la mare. Colas voulut crier, personne n'entendit. Il voyait cependant sur le flanc du ravin les torches de ceux qui allaient à la messe de minuit ; mais ses cris se perdaient dans le bruit du vent et le chant des cantiques. Enfin la boue lui touchait le menton, et il enfonçait toujours ! Quelle horreur !!!...

A ce moment la cloche du village retentit appelant les fidèles... Réveilla-t-elle la foi dans ce cœur désespéré ?... Il paraît bien ; car il cria : Enfant Jésus, ayez pitié de moi !... A peine avait-il achevé qu'un affreux coup de vent détacha un énorme bloc de terre et de broussailles qui vint rouler en talus jusqu'auprès de Colas. S'accrocher à ces brous-sailles et remonter à son chemin fut l'affaire d'un instant. Il était sauvé.

C'est la grâce que je vous souhaite, chers conservateurs !..

UNE PROCESSION A SAINT-DENIS

22 septembre 1873.

Pour en revenir aux processions, la Croix-Rousse aussi a eu sa petite comédie, comédie libre penseuse, s'entend.

J'ai voulu voir ça de près, et je puis vous en faire le dépeint d'après nature.

C'était donc le 15 au soir. Temps gris et pluvieux ; mais malgré ça grande foule sur la place. On se pousse, on se bouscule. Tous les lichards sont à leur poste, mâchant des bouts de cigare et des jurons. Et des femmes en masse, de ces femmes dont la voie éreintée ne sait grogner que des injures. Le flot populaire s'agite, bour-donne, hurle ; un vrai 4 Septembre pour rire.

Donc on attend la procession de Saint-Denis.

— Sortiront-ils ?

— Ils ne sortiront pas, les couennes.

— Oh ! que si !

— Oh ! que non pas !

— Pas l'embarras ! les cléricaux, c'est capon comme des capitulards.

— A ce qu'on dit, le curé n'a pu ramasser que quelques vieux rococos d'hommes.

— Trois pelés et un tondu. Ah ! ah ! ah !

— Et quelques vieilles cágnes qui n'ont plus de dents.

— Ah ! ah ! ah !

— C'est bien fait, qu'on ne va plus dans leur cafardière. Il n'en faut plus de ce monde-là.

— Les curés, ça mange tout et ça ne fait rien.

— Ça vit de la sueur du peuple.

— Ça boit la sueur de l'ouvrier.

— C'est pas rien qu'ils connaissent la couleur de mes gros sous.

— Oh ! ni moi.

— Et moi donc ?

— Mais un tas de nigauds qui ponent là-bas leurs économies.

— Bien fait si on les plume.

— Que ça fait regret, ces imbéciles. Tenez, empêchons-les de passer, s'ils sortent.

— Hardi ! ça y est.

— Puisqu'ils vont chercher Henri V.

— On te leur en fichera d'Henri V.

— Il nous faut les fermer dans la Grand'-Rue.

— Et ils ne passeront pas !

— Ou bien ils nous passeront sur le ventre !...

Ainsi gouaillaient une demi-douzaine de ces déguenillés qu'on voit chaque matin sortir de quelque sacristie avec la monnaie... d'un petit verre.

Mais voilà-t-il pas qu'*ils* sortent, oui, les cléricaux de

Saint-Denis, ils sortent, ils avancent. D'abord deux gardes urbains, puis la bannière, puis les filles blanches, beaucoup d'hommes, beaucoup de monde... Et ils avancent toujours, et ils passent; et pas un seul ventre démocratique ne se met à la traverse, on ne passe sur le ventre de personne, naturellement.

Je ne perdais pas de vue mon cher petit club de tout à l'heure. Ils fumaient, ils crachaient, la casquette en arrière, la mine renfrognée, mais à part ça, sages comme cinq sous.

— Pas croyable qu'il y ait tant d'imbéciles à la Croix-Rousse !

— M'en parle pas. Faut qu'il y ait quelque chose là-dessous.

— Oh ! il y a ; il y a qu'ils ne sont pas tant imbéciles que dit l'autre.

— Parce que ?

— Mais c'est le curé qui les paie ! !...

Ce petit tableau est aussi vrai qu'il est laid. Faites-en ce que bon vous semblera. Mais, pour en finir, vous saurez que les curés, qui hier, *buvaient la sueur du peuple*, donnent aujourd'hui 5 francs aux hommes et 40 sous aux femmes qui vont à la procession. Il n'y a pas d'autre bruit parmi les libres penseurs.

Quel peuple intelligent !

LE LIBRE PENSEUR

23 février 1876.

Commençons sans cérémonies : je veux vous parler des libres penseurs, des nôtres, entendez bien, des libres penseurs de la Croix-Rousse. Et, franchement, il y aurait de quoi dire, si on en avait le temps et le courage.

Volontiers, on les laisserait crevogner dans l'oubli, ces gens-là ; mais il vous ont une manière de se poser en beaux esprits et en citoyens vertueux, qui fait regret, ma foi ! et mérite quelques bonnes fessées.

Savants, eux ? honnêtes ? allons donc ! nous prennent-ils pour des conscrits ! J'en connais et pas mal, de ces gones, surtout depuis ces derniers temps où ils ont voulu faire des embarras, et je n'en ai pas encore rencontré un seul qui n'ai quelques bouchons à la façure de son existence : ou une coche chez le boulanger, ou une araignée au plafond, ou une fenotte en plus, ou des écus mal gagnés, ou la fainéantise, ou l'ivrognerie... et quelquefois tout ensemble. Et ça voudrait mener le monde !

Si jamais vous parcourez les rues du Plateau, je vais vous donner le moyen infaillible de reconnaitre un libre penseur à trente pas.

Devant un enterrement religieux, le petit libre penseur de huit ans — et il y en a — enfonce sa casquette sur son nez et ses deux poings dans ses culottes. A douze ans il fume et miaule : *laïtou itou ! itou !* A quatorze, il crache et monte dessus : c'est le sublime du mépris, c'est l'écrasement de la prêtraille. A dix-huit, il est crevé et ricane par conséquent. A vingt ans, il pose comme un vieil endurci, se prend au sérieux et jette la terre au cimetière ; à vingt-deux il fait la peau de grenouille ; il petafine, c'est le mot, et on le porte au fossé... civilement, bien entendu. Voilà !

J'en sais, de vrai, qui vivent plus vieux, mais ils ont commencé plus tard : même dégaine, d'ailleurs, même science, même peau, mêmes manières... et des rhumatismes par-dessus, en attendant la flanelle de sapin et la poignée de terre des frères et amis.

Comme ça vous relève un homme, hein ! Mais ils n'ont

pas toujours de la chance, les camarades. Voilà trois semaines surtout qu'ils gobent des prunes attenant. Les enterrements vont bon train, hélas! et pas mal de canuts enfilent
le passage de la Voûte les pieds joints, pauvres vieux, et
pour la dernière fois. Or, par ce temps de chaleur morte,
les mamis, qui ont juré de ne jamais toucher un goupillon
ni porter leurs savates à l'église, sont obligés de droguer
souvent entre la rue Saint-Denis et la rue Pailleron, rapport
aux cérémonies des curés. Et là; nom d'un rat, la bise
noire vous siffle de petits courants d'air que c'est une vraie
bénédiction. Aussi les libres penseurs y attrapent toutes
sortes de malandres et tombent comme des mouches. Dieu
ait leur âme, s'il en reste!

Ajoutez à tous ces guignons que la terre est gelée au
cimetière, et qu'ils ont beau s'écorcher les doigts, impossible
d'en ramasser miette pour jeter dans la fosse. Pas de chance,
vrai! les pauvres belins. C'est à en devenir fou si...

LE 8 DÉCEMBRE

9 décembre 1875.

Pour vous écrire aujourd'hui, il faut vraiment prendre
au sérieux le *sacerdoce* de la presse; la plume vous gèle
au bout des doigts et l'encre au bout de la plume.

Ah! Pas heureux les fainéants, par le temps qui court.
Bon gré mal gré il faut rester au coin du feu, ou frelotter
à travers les trous de sa blouse, et croquer la fringale.
Aussi le Boulevard n'entend plus le bruit de leurs savates
et les bancs sont tristes sous le verglas.

Pas heureux non plus les pauvres concierges. Du matin
au soir braver les courants d'air dans les allées, et casser

la glace à coups de pique-feu — et qu'elle glace grand Dieu ! — pour que messieurs les locataires, *très coupables locataires*, ne se cassent pas... autre chose. Oh ! vrai ! ce n'est pas tenable, et je demande que le Conseil municipal, si dévoué à la classe ouvrière, donne les lampions économisés hier, pour chauffer certains cornets obstrués... en dehors de toute manifestation religieuse.

Mais les plus malheureux, hier soir, c'étaient bien les radicaux. Imaginez-vous ce contre-temps : pas seulement moyen d'arracher un caillou pour jeter aux fenêtres illuminées. S'armer de pièces de cent sous, pas trop possible. Et puis, les cléricaux en auraient fait cueillette, et l'année prochaine tout le monde aurait illuminé. Enfin, quoi ! il a fallu rengainer le sabre libre penseur et se contenter du blasphème... Encore même, la bise vous le collait dans le gosier.

Bon ! j'oublie la consigne, et on va me reprocher de tomber dans le drôlatique après avoir promis d'être sérieux. Mais le moyen, s'il vous plait, d'être sérieux dans une aventure aussi plaisante.

Comme tout brave lyonnais qui a bon pied et bon œil, j'ai voulu, moi aussi, faire un petit tour de ville. C'était beau, ma foi ! Et voyez donc le retour des choses d'ici-bas, tous les catholiques, c'est-à-dire, en langage libre penseur, tous les *partisans de l'obscurantisme* brillaient comme des astres, et. au contraire, les gens du prétendu *progrès* étaient passés à l'*obscurantisme* le plus complet. Ah ! vous voilà bien, ô fils du siècle des lumières !

J'ai suivi les quais de Saône, une vraie guirlande de feu de quatre kilomètres, puis Bellecour, encadrée de diamants comme un immense tableau, puis la rue de Bourbon, si brillante, si brillante, que les deux chevaux de bronze auraient pu se voir au travers si celui de Perrache vivait encore.

— A propos, puisqu'on a écrit : *Chef-d'œuvre de Lemot* sur celui de Bellecour, pourquoi ne mettrait-on pas sur ce qui reste de l'autre : *Chef-d'œuvre des citoyens Chepié, Chaverot, Perret ?*

En remontant la rue Terme, j'accroche un de mes voisins, tulliste de profession, mais fainéant et rapé par système.

« Eh bien ! père Baptiste, me dit-il en ricanant, vous voilà satisfait, hein !

« — Et pas mal, et vous ?

« — Moi, je proteste contre cette profusion inutile de chandelles et de lampions. Ne valait-il pas mieux donner l'argent dépensé ce soir, pour chauffer le foyer des pauvres ? »

« — Alors, vous, vous n'avez pas illuminé ?

« — Pas si bête.

« — Et combien allez-vous donner aux pauvres ? »
Silence absolu.

« — Allons, pauvre vieux, vous voilà déjà enfoncé. Sachez donc qu'on peut donner aux pauvres et illuminer. Et à votre tour, pourquoi ces centaines de mille francs jetés tous les ans à des théâtres ?

« — Ça amuse le monde.

« — Eh bien, mon ami, ça nous amuse aussi d'illuminer, et ça ne coûte pas si cher que de rebâtir les Célestins. »

LES MESSES-CONCERTS

17 décembre 1875.

Il parait qu'à Versailles il se passe de singuliers événements. De tous les côtés j'entends qu'on parle d'intrigues, de comédie, d'alliances honteuses, de déca-

dence; et l'on discute, et l'on blâme, et l'on s'indigne...
Bref! il y a en ce moment ce que j'appellerai une *émotion*.

Eh! braves gens! il fallait bien vous y attendre. N'est-
il pas juste que Versailles, que la Chambre soit le miroir
de la nation. Prenez quatre hommes aujourd'hui dans le
tas, et je gage que vous leur trouverez quatre opinions
différentes et qu'ils se *grouperont* en centre gauche,
centre droit, extrême gauche, extrême droite. C'est la
mode, que voulez-vous!

Mais bah! cela ne me regarde point, et dans le grand
bastringue politique, la voix d'un pauvre veloutier serait
tout aussi déplacée qu'un mirliton au concert de Saint-
Bonaventure.

Et tenez, puisque nous voilà en plein dans la religion,
et par le grand portail des Cordeliers encore, laissons la
politique et parlons religion.

Aimez-vous ces messes à grand tapage, au profit de
certaines bonnes œuvres, sans doute, mais où l'on paye
sa chaise 20, 30 ou 40 sous? Pour moi je doute que ça
donne la foi à ceux qui n'en ont pas et ça pourrait bien
l'ôter à ceux qui n'en ont guère.

J'ai vu la chose de mes yeux, j'allais ajouter de mes
oreilles, et je vous promets qu'on ne m'y reprendra pas.
Par précaution j'avais assisté à une première messe à
Saint-Denis; bien j'avais fait.

Là bas, pas moyen.

En entrant, d'abord, vous entendez un bruit qui n'est
ni l'Harmonie Gauloise, ni M. Valdéjo, ni l'orgue de
M. Batiste; c'est le placement. Vous comprenez bien que
puisqu'on paye, on se permet les discussions à haute
voix, des poussées de coude... et autres libertés permises
ailleurs. Donc, puisqu'on paye, c'est à qui franchira les
obstacles et se placera le mieux.

Et, toujours puisqu'on paye, on est dispensé de se mettre à genoux.

La messe commence, on prend son livre, je me trompe... son programme, et l'on suit les cérémonies... pardon !... l'Harmonie et M. Valdéjo — Puis tout se tait et un prêtre monte en chaire.

Pauvre prêtre, qu'allez-vous dire? Ce n'est pas dans le programme : mais vous êtes trop long « As-tu fini ? » disait un de mes voisins, et les autres de rire !... j'en avais mal au cœur.

Puis vient la quête. Ces messieurs donnent le bras à ces dames. C'est magnifique. Parlez-moi du xixᵉ siècle. au moins ! Autrefois un malencontreux diacre — je l'ai lu dans un livre — ne venait-il pas dire avant l'élévation : « Sortez, vous qui n'êtes pas purs », mais aujourd'hui... Oh ! qu'allais-je dire !

Une certaine fois aussi, Jésus-Christ s'écria dans son indignation : « Ma maison est la maison de la prière » ; il pourrait ajouter aujourd'hui : « et vous en faites une salle de concert. »

Oui, une salle de concert, et j'adoucis le mot; à part le chapeau et les rafraichissements, qu'elle grande différence, je vous prie?

On n'applaudit pas, on ne siffle pas, direz-vous; mais on peut en venir là. Puisqu'on paye, ne pourra-t-on pas exiger d'en avoir pour son argent? Et alors? Y aura-t-il aussi des débuts?

Et je soutiens qu'on paye, et qu'on paye la musique. La preuve, c'est que quand il n'y a que le bon Dieu, même avec le prédicateur, la chaise ne coûte que deux sous.

Oh! pardon, je dis là des énormités, mais je suis dans le vrai. Qu'on fasse à l'église des quêtes pour toutes les bonnes œuvres que vous voudrez, qu'on y chante les

louanges de Dieu avec les accords les plus divers, qu'on
y prêche la grande et véritable fraternité, qu'on en fasse
le foyer de tous les dévouements à ceux qui souffrent,
c'est parfait. Mais qu'on laisse la vente des contre-
marques pour les théâtres et les belles salles de nos palais.
On pourra là aussi faire des quêtes pour les pauvres
tant qu'on voudra. Et je vous assure que la foi n'y perdra
rien.

Saint Vincent de Paul n'a pas tant fait de musique!

LA VISITE D'UN COUSIN DE CAMPAGNE

14 janvier 1876.

En voilà un temps, mon cher Paul Tick ; c'est à se
croire vraiment au cœur de l'hiver. Une neige qui vous
gèle la barbe, une bise à vous couper les oreilles, brrr!...
Et il parait bien que c'est un peu de partout. En Russie,
les hommes tournent en glaçons, dans le Midi il y a
quatre pieds de neige, et à Lyon, vous ne voyez que
des nez rouges plantés sur des figures bleues.

Vrai! je plains les députés qui sont obligés d'aller
chauffer leurs élections par cette température.

Et puis l'ouvrage manque, avec tout ça : les *noirs*
sont à bas, les velours menacent, et les articles du
Levant ne vont guère mieux que le grand Turc.

Enfin quoi, c'est une triste saison, sans compter le
gouvernement qui dégringole et les *rouges* qui sortent
du bois.

Mais chut! pour aujourd'hui pas de politique, s'il vous
plait ; nous sommes encore trop près de la Noël, du

Jour de l'an, des visites et des papillotes. Causons famille.
C'est l'habitude, tous les ans à cette époque, que les
parents de la campagne viennent souhaiter la bonne année
à leurs parents de la ville. L'autre jour donc je reçois un
brave bonhomme de cousin, un vrai paysan qui n'avait
jamais quitté le chaume paternel, et rien de plus pressé,
bien entendu, que de le mener faire un tour dans les
beaux quartiers.

Il fallait le voir avec son nez en l'air, sa bouche grande
ouverte et ses yeux écarquillés comme les lucarnes de
l'Hôtel-de-Ville. Il restait là piqué devant les magasins
comme un point d'admiration. Vingt fois au moins, il se
serait fait piler l'existence entre un camion et un omnibus,
si je ne l'avais pas retenu par sa blouse de coutil.

« Grand Dieu ! que de cheminées, s'écria-t-il, en descen-
dant l'escalier de la Tour Pitrat.

« — En effet, lui répondis-je, mais ce n'est pas toujours
la fumée du bonheur qui leur sert de panache.

« — Oh ! mais, regarde donc, Baptiste — nous arrivions
aux Terreaux — il n'y a que des châteaux ici. Et puis, ce
tas de monde qui se promène en habits de dimanche ; et
ces carrosses à deux chevaux, et ces Madames à robes de
soie avec des peaux de bêtes... et ces Messieurs avec des
gants et tout ça en souliers et en bottines. On ne porte
donc point de sabots, à Lyon, ni de galoches ?

« En voilà-t-il des bouteilles de vins vieux derrière ces
vitres !... et ces piles d'argenterie, et ces enfilades de
redingotes et de pantalons !... et ces gros pains de chocolat !... »

Une vraie litanie qui dura bien un bon quart d'heure.

« — Tiens, lui dis-je à la fin, mon pauvre Colas, on
voit bien que tu n'as jamais rien vu, et tu finirais manquablement par nous croire en paradis. Eh bien, écoute :

16

« Tu vois d'abord cette grande épicerie où il ne manque rien ? Les trois quarts de ces jolies bouteilles sont vides, ainsi que ces boites de sardines ; et tous les ans, le bourgeois de la maison fait banqueroute et file à Genève.

« — Bah !

« Voici maintenant un grand magasin où l'on donne tout pour rien, n'est-ce pas ?

— « C'est écrit en grosses lettres. Eh bien, on n'en emporte pas même pour son argent. Comprends-tu ?

« — Vrai ?

« — En voici un autre, où se démène un bon demi-quarteron de commis, tous empressés à déballer des marchandises, et à les empiler sur des rayons. C'est tout de la frime pour faire accroire qu'on vend beaucoup. On va maintenant entrer ces grosses caisses, et on les fera sortir par les portes de derrière pour les ramener ce soir sur le trottoir de devant... Et ainsi de suite !...

« Tiens, regarde ce Monsieur, qui lit le *Progrès*. Comme il a l'air sérieux derrière ses lunettes. Il s'imagine lire du nouveau, du véritable *Progrès*, en un mot. Et ce finaud de journal ne vend que les rabachages de Julien l'apostat qui a petafiné depuis mille et quelques cents ans.

« — Pas possible ?

« — Tourne tes yeux à gauche, Colas, voici une grande dame qui passe...

« — Ah ! pour le coup, qu'elle a bonne mine, et quelle belle toilette !...

« — Tu crois ? Eh bien, c'est du simple badigeon, et dans deux ou trois ans au plus, viendra le dégel : le plâtre tombera alors de ce joli minois ; le chignon sera pendu chez le perruquier, le manchon et la robe auront une étiquette au Mont-de-Piété, et... le reste ira... finir à l'Hôpital ?

« — Tu m'en comptes ?

« — C'est la vérité vraie. Vois donc maintenant ce bel hôtel.

« — Tiens, c'est comme ça qu'on bâtit les auberges ici ! oh ! bon sens ! que de miroirs, que de bougies, que de velours !... Qu'on doit être bien là-dedans !

« — Et surtout ce n'est pas cher, rien que pour se lécher les doigts on paye quarante sous.

« — Mais quitte ton chapeau, Colas, voilà un enterrement.

« — Un enterrement, ça ? oh ! que de curés, que de curés !

« — Oui, mais il vaudrait mieux en avoir un bon avant sa mort que trente après, et...

« — Qu'est-ce donc que ce palais ? Qu'est-ce qu'on y fait ?

« — C'est la Bourse ; on y jette des grains aux pigeons et puis on les plume !...

« — Mais c'est donc un vrai pays de ficelles que ton Lyon ?

« — A peu près ; et de toutes ces ficelles je n'en sais qu'une de bonne ; on voit le fil et elle ne trompe personne. C'est la ficelle de la Croix-Rousse. Allons-y. »

LA SINGEOCRATIE

10 mars 1876.

Ainsi, nous voilà bel et bien en République

Et désormais, par conséquent, plus de nobles, plus de châtelaines, plus de blason... et à bas la dîme, à tout jamais.

Et partout l'égalité, la félicité, la fraternité, la liberté... et la gaieté!

Seulement, nous sommes un peuple singulier avec nos idées démocratiques.

Pas de roi, on n'en veut plus; mais chacun attend le triomphe de son parti pour imposer ses lois et taper sur son voisin.

Pas d'aristocratie, à bas! à bas! mais tout le monde devient aristocratique. A preuve, regardez dans la rue :

Voici d'abord venir votre boulanger qui a des armories sur sa carriole;

Puis votre commis, avec un petit blason en or qui lui bat la breloque sur le creux de l'estomac;

Puis votre dévideuse, coiffée comme une vraie Marie-Antoinette, avec tout plein de boudins pendant sur les épaules et trois étages de frisons sur sa tête effrontée;

Puis un jeune fiancé, parfumé, frisotté, ganté, musqué comme un page du roi Dagobert;

Puis une noce d'ouvriers en taffetas, avec un demi-quarteron de carrosses à deux chevaux et un banquet qui dure onze heures d'horloge.

Vous y trouvez une jeune épouse... ah ! là, par exemple, il y aurait à dire : sa tête est embuissonnée d'un vrai fagot de fleurs d'oranger, ses épaules s'arrondissent sous la poudre de riz, et sa robe a une queue... oh! mais une queue ; je ne vous dis que ça!...

A tel point qu'il faut une petite *damoiselle* pour la porter : on dirait une petite marquisette à la cour d'une princesse du sang.

Et il y a là plus de bijoux, de camées, de bagues. . . et de grimaces que dans le boudoir des châtelaines d'autrefois.

Puis, écoutez-moi voir ce langage, le simple langage

du *citoyen* démocrate. et puis vous me direz si jamais comte ou baron ont mieux grasseyé, mieux ronflé, mieux tonné ; on dirait des ministres parlant à leur valet de chambre.

Henry V dit dans ses lettres : « ma femme et moi » ; le tisseur démocrate dit : « moi et madame mon épouse. »

Si le tisseur veut arriver conseiller municipal, il termine son affiche — pardon! — sa profession de foi, par le fameux cliché : « *salut et fraternité* » ; mais qu'il écrive à son marchand de vin, il signe: « *sa considération très distinguée.* »

Passez maintenant dans un café ou dans un comptoir — en français, *buvette* — regardez et écoutez la *Madame* qui trône sur son estrade de flacons et de bouquets, et vous me direz si nous avons la langue démocratique. On dirait, vrai ! une cérémonie de baise-main ou de baise-pied, dans les salons de Versailles. à voir les courbettes des messieurs et les minauderies de ladite madame.

Allons, oui, nous sommes en République, mais nous sommes aussi le peuple roi; c'est-dire que, tout en reprochant à nos anciens gouvernants leur morgue, leur frivolité et leurs vices, nous nous mettons tout uniquement à leur place avec un peu plus de vices, de frivolité et de morgue... et la bêtise par-dessus le marché.

Pour moi qui, par parenthèse, passe pour un réactionnaire, un clérical,... presque un légitimiste, j'en suis cependant pour l'égalité.

Je voudrais que, par égalité, on fût plus propre chez soi, et pas si toileté dehors;

Moins mange-tout quand on a quelque chose, et moins gueux quand on ne travaille plus ;

Plus modeste dans son style, mais plus sobre de vilains mots dans l'intimité;

Moins libéral au café et dans les proclamations, et moins tyran avec sa femme et ses apprentis.

Mais pour cette égalité-là on n'y pense guère, et nous tombons dans la *singeocratie*, ni plus ni moins.

LE VENDREDI-SAINT 1876

Vendredi-Saint 1876.

Jour de tristesse! Le Christ va souffrir: les chrétiens pleurent... les pharisiens ricanent. Ecoutez leurs cris de triomphe.

Petits vers de terre, que Dieu laisse tortiller un instant sous son pied divin, sont-ils contents! Enfin ils nous tiennent. Ils ont pour eux des épées, des bâtons, des torches.... sans oublier les *docteurs*, les *scribes*, les hommes de *loi*, et... la foule.

Jamais on n'entendit plus de mensonges, plus de grossièretés, plus de moqueries. Il y a des lâches, des traîtres, des ingrats, des faux témoins. Guerre au Christ! Et là tous les moyens sont bons.

Vraiment, il faudrait remonter jusqu'à la Passion pour retrouver pareille fureur et pareille injustice. Remontons-y; pourquoi pas? Les hommes auront changé de nom, peut-être, mais non de langage, ni de malice. Laissons-les parler:

C'était après les fameux pèlerinages.

FRANCS-MAÇONS. — Qu'allons-nous faire? Voilà que tout le monde court après lui.

BISMARCK, GAMBETTA, CARTERET, etc., cherchaient le moyen de s'emparer de lui par ruse et de le faire mourir.

RENTIERS. — Il faut que ce soit sans bruit, de peur de quelques émotions parmi le peuple...

P. MARCHAL. — Que me donnez-vous et je vous le livrerai?

BARODET. — A quoi bon cette profusion... ce budget des cultes? On aurait pu vendre ces parfums bien cher et en donner le prix aux pauvres... écoles laïques.

— L'un de vous me trahira !

THIERS. — Mon maitre, est-ce moi ?

FIGARO. — Quand tous les autres vous renieraient, moi je ne vous abandonnerai jamais.

AUX CONSERVATEURS. — Eh quoi ! vous n'avez pu veiller une heure avec moi ?

AU SÉNAT. — Dormez maintenant, celui qui doit me livrer est près d'ici.

LOYSON. — Celui que je baiserai, c'est lui-même, arrêtez-le.

FERRY. — Je vous salue, mon maitre ,... je viens vous défendre contre le *Syllabus*.

VEUILLOT. — Et frappant... il lui coupa l'oreille.

ROI GUILLAUME. — Je vous adjure, au nom du Dieu vivant, de nous dire si vous êtes le Christ, fils de Dieu.

JULES FAVRE. — Il a dit qu'il rebâtirait la France en trois jours, sans perdre un pouce... ni une pierre !...

GAMBETTA. — Il a blasphémé; qu'avons-nous besoin de témoin !

RANC. — Il mérite la mort.

LA SYNAGOGUE EUROPÉENNE. — Christ, prophétisez-nous. Qui est-ce qui t'a frappé ?

UNE ACTRICE. — Et toi, ne défendais-tu pas ce galiléen ?

FIGARO. — Je jure que je ne l'ai jamais tant vu.

LACRETELLE. — Voilà l'homme !

NAQUET. — Salut, roi des Juifs !

CAFÉS ET BRASSERIES. — Nous ne voulons pas qu'il règne sur nous.

ANDRIEUX. — Nous avons une *législative*, et selon la majorité, il doit mourir.

LA RÉPUBLIQUE. — Ne sais-tu pas que j'ai le pouvoir de te crucifier ou de te laisser vivre?

VARAMBON. — Si vous le renvoyez *libre*... dans l'enseignement..., vous n'êtes pas l'ami de César.

MGR DUPANLOUP. — Je suis venu ici pour rendre témoignage à la vérité... et veux l'enseigner librement.

WADDINGTON. — Qu'est-ce que la vérité ?

LA CHAMBRE DES DÉPUTÉS. — Lequel voulez-vous que je vous délivre, Barrabas... de la Calédonie, ou bien le Christ... qui aime les Francs?

LES ÉLECTIONS. — Barrabas!!!

THIERS. — Et que ferons-nous de... l'autre?

CHALLEMEL-LACOUR. — Qu'il soit crucifié... à coup de fusil.

RICARD. — Quel mal a-t-il donc fait ?

MANDAT IMPÉRATIF. — Enlevez-le ! enlevez-le ! Qu'il soit crucifié !

LES CENTRES. — Je suis innocent de la mort de cet homme juste.

LA GAUCHE. — Il a sauvé les autres, qu'il se sauve lui-même.

BISMARCK. — Descends maintenant de la croix.

LES DIPLOMATES. — Voyons si Élie viendra le délivrer.

LE PAPE. — Mon Dieu, pardonnez-leur, ils ne savent pas ce qu'ils font.

TESTAMENT
DE M. DEFLOTRIÈRE

MES CHERS PAROISSIENS,

Ne pouvant vous écrire moi-même à cause de mon extrême faiblesse, je confie à mes bien-aimés vicaires quelques paroles d'adieu qu'ils voudront bien vous transmettre.

Je suis heureux d'avoir passé parmi vous vingt-cinq ans de mon ministère sacerdotal. Je vous remercie du concours zélé que vous avez bien voulu nous donner pour les œuvres de la paroisse Saint-Augustin.

Je demande pardon à toutes les personnes que j'aurais pu contrister volontairement ou involontairement.

Je recommande à mes bien-aimés paroissiens, parmi les vertus qu'ils doivent pratiquer, la charité chrétienne dans les familles. Je leur recommande aussi de continuer à se dévouer au bien en union avec le clergé paroissial.

Je prie les parents d'apporter un soin dévoué à l'éducation des enfants et de la jeunesse.

Je ne puis rien laisser aux pauvres de la paroisse — puisque je n'ai rien — mais je supplie les familles aisées d'avoir soin des malheureux et des ouvriers.

Mes chers paroissiens, je vous recommande mon âme. Vous prierez pour moi. Je désire être enterré au cimetière de la Croix-Rousse, afin de rester au milieu de vous, ce qui a toujours été mon désir.

Et si, par la miséricorde de Dieu, en qui j'espère, j'ai le bonheur d'aller en paradis, je vous promets de ne point vous y oublier auprès de Dieu pendant l'éternité.

A. DÉFLOTRIÈRE,
Curé.

TABLE DES MATIÈRES

PREMIÈRE PARTIE

LA QUESTION OUVRIÈRE

I

II

DEUXIÈME PARTIE

LA POLITIQUE

I

II

TROISIÈME PARTIE

I

II

INDEX DES NOMS CITÉS

LYON. — IMP. X. JEVAIN, RUE FRANÇOIS-DAUPHIN, 18.